U0107182

追忆太宰治

〔日〕井伏鳟二 著

马惠 译

上海人民出版社

目录

I

太宰治之死

太宰君离家出走的消息令我大感意外。我深受冲击。不过，他为何要寻死？我心中对事情的真相毫无头绪。为何要选择那样的方式离开？为何要选择那种地方？我也根本无从知晓。只能在心中做诸般想象。即便被新闻记者追着刨根问底，也不过是徒增困扰。若是以前，无论是什么事情，感到忧心时我便会直接与太宰君见面详谈，可现如今已然不能了。除了重读他的作品，也没什么可以做的了。

搬到东京以来，我鲜少有机会见到太宰君。即便偶尔有要事相商，太宰君身边也总是聚集着两三个人。也没机会好好聊一聊。他今年元日来寒舍拜访的时候，身后也跟着来了两三位客人。搬来东京之前，我住在广岛的乡下。我们之间不过就是偶尔互通书信，确认彼此是否身体康健。因此，我总觉得，我跟太宰君的交情从表面上来看终究是有些虎头蛇尾了。

世间也多认为太宰君的死是殉情。我目前并没有反驳这一论调的证据，也不知会不会终有一天不用再考虑去反驳。从形式上来看，的确是殉情。也有人证实，他的确亲口说过这样的话。"我打算采取我自己最鄙视的死法。"——据说他亲口这样说过。即便这是太宰君的反话，我也无法确定，或许他内心其实是惧怕将此付诸实践的。曾几何时，我在河津川钓香鱼时，太宰君为了补过一延再延的蜜月旅行来到了我下榻的住处。龟井君①刚好也来钓香鱼。次日夜里，南伊豆一带发了大洪水。那一夜，三宅岛的雄山山麓刚好发生了大规模的火山喷发。龟井君睡在二楼的房间。睡在他正下方房间的我赶紧逃到龟井君那里，住在偏房的太宰夫妇也跑了过来。水已经漫上二楼的外廊。惊慌失措的我不断提议赶紧游出去逃生。此时，我还不知道龟井君和太宰君都不会游泳。龟井君稳稳当当地坐在堆叠在一起的棉被上，频繁地向被闪电照亮的大岛的方向望去。我不禁为他的沉着冷静而惊叹不已。事后问起才知道，龟井君那时候慌乱不已，甚至在心里一直

---

① 龟井胜一郎（1907—1966），日本文艺评论家，著有《大和古寺风物志》《中国纪行》等。——译者注（以下未经特别说明均为译者注）

默念着观音经。太宰君后来挖苦道，龟井是吓得腿软了。不过，洪水肆虐之时正是生死之间，大家都不敢掉以轻心。太宰君对妻子说道："人将死之时至关重要。"眉宇之间带着一丝决绝之意。他换上了专程为蜜月旅行而新做的和服，系上角带，端端正正地坐在榻榻米上。他吩咐妻子道："为了事后被人发现时不至于太难堪，你去换上和服吧"，然后小声嘀咕道："不过，谁又想在事后被人发现呢！"这大概并非他的反话，而是在下定决心之际毫无掩饰的心里话。

太宰君这个人十分羞于向外人展示自家人的和睦。有时候甚至极端到异常。每当此时，他便会不禁口出讥讽。我不了解他的近况，但是他直至战时，的确表现出了这种倾向。三鹰市遭到空袭时，太宰君与田中英光 [①] 二人蹲在简单挖成的防空壕中，引发了脑缺血，好在没有受伤。随后，他便逃去了妻子被战争疏散至的甲府。那时候，我被疏散到甲府市外。我们之间一直保持着来往，太宰君同我绘声绘色地细说了仓皇逃亡到甲府时的模样。

——驶向甲府的汽车被难民挤得满满当当。这时来了一位双手高举洗涤槽的男子。那是用木板做的、廉价的洗涤槽。这位男子面对众人的冷笑，一脸无奈。他肯定是被挑剔的恶妻训斥，

[①] 田中英光（1913—1949），日本作家，师从太宰治，后于太宰治墓前自杀，著有《奥林匹斯之果》《离魂》等。

问他"为何没有把洗涤槽带过来"。所以他才要排除万难，在空袭中依旧带着逃离。话说回来，我逃来甲府的时候，内人一看到我，就问"老公，盐呢？你为什么没有带盐过来？"真是位恶妻啊。

然而，事实正好相反。听说太宰君逃来甲府时，他夫人喜极而泣。对太宰君来说，盐并非独身一人留在东京生活时的必需品。在他被疏散离开的家中，盐正好好地放在后门处呢。我亲眼所见。或许有些读过《维庸之妻》及其他作品的人对太宰君有所误解，我便在此引用太宰君的文章，权作说明。故人生前对家庭的热望和诚意可谓跃于纸上。我所引用的文章，是太宰君在结婚前觉得有必要跟他老家的两位总管寻求对其婚约的支持而写给我，请我从中牵线的信件。

致井伏先生一家、亲笔

适逢此次与石原家结亲，特意给您致信。我认为自己是个顾家的男人。好也罢，坏也罢，我都无法忍受四处流浪。我并非为此感到骄傲。只是，我这不谙世故、不善交际的性格注定了我是这样的人，如宿命一般。以往种种笨拙行事，我也并非内心毫无动摇。自品尝过那时的苦楚以来，我多少也懂得了什么是人生，懂得了结婚的本义。结婚、家庭，皆为努力。我坚信，这是极其严肃的努力。我并非随口说说。即便贫穷，我也会倾尽一生去努力。如果我再次婚姻破裂，您就把我当成个疯子，抛弃我吧。以上所说皆是寻常之言，但今后无论面对何人，我也可以掷地有声地吐露，即便是在神灵面前，我也可以毫不羞愧地许下誓言。请您一定要相信我。

昭和十三年十月二十四日　津岛修治① （印）

　　我将这些话转达给了太宰君老家的总管后，婚事很顺利地谈定了。那时，太宰君独自租住在甲府的一座小小宅院里，婚礼是在我家办的。这是一场甲州风格的婚礼。婚宴由荻洼的水产店"鱼与"承办，办得也是大大方方，十分完美。津轻那边的总管到场。东京方面的总管也出席了婚礼，他在婚礼现场跟太宰君传授了今后的心得。新娘的姐姐姐夫、费心牵线的斋藤先生的夫人也悉数到场。我开怀畅饮。太宰君穿着中意的、绣有家徽的短外褂和仙台平裤，不论身边的人跟他说什么，他自始至终都一反常态地直面前方，僵硬地坐着。我对津轻的总管耳语道："看来一切都很顺利啊！"对方也是频频点头："对的呀！"

---

① 津岛修治，太宰治本名。

自那时以来，作家太宰君的成就便如读书人皆知的那般了。虽然写得慢，终究也是留下了全集近二十卷的作品。

我与太宰君的交情说来也算比较深。起初，他住在弘前市的时候就给我写过信。信中内容已经不记得了，不过，他第二封信中附了一张五日元的汇票，请我务必收下。他大概是读了我那穷兮兮的小说，觉察到了我的窘迫，寄来给我做零花钱的。来东京之后，他又写信给我，希望我能够跟他见上一面。我迟迟未回信，他便屡屡写信来说了些强硬的话。"如果不见我，我就自杀"——虽然我觉得他不过是在虚张声势，以防万一我还是马上给他回信，约他在万世桥的"万惣"茶亭斜对面的作品社见面。他给我看了两篇短篇，我未做点评，而是劝他不要刻意模仿我们的小说，要专门研读国外的古典小说。那之后不久，他来到我家，劝我做一个左翼作家。我反而劝他莫要成为左翼作家。

不久，他搬来荻洼，住得也近了，便时不时来我家玩耍。我们一起去散步，还一起出去旅行。他似乎并未好好去上课，有时候穿着制服一大早就来我家，有时候也会深夜造访。那时候，我们频频见面，我却完全记不起当时到底聊了些什么，这真的很微妙。我们也下了很多盘棋。我俩势均力敌。当时，读卖新闻社正在举办一场业余爱好者展示技艺的美术作品展，我以太宰君和犬子为对象，画了一幅小品，题名《津岛君与犬子圭介·夹子将棋瞬间》。在那幅绘有津岛君、也就是太宰君的画上，我不小心沾上了一抹红色。不巧正好落在画中津岛君的鼻尖上。不过，重新画可就太麻烦了。我用笔尖小心翼翼地擦去了颜色，可依旧残留着些许红色，整个鼻子看上去微微泛红。我向模特寻求谅解，直接提交了作品。谁知刚开场不到二十分钟，那幅画就被买走了。我记不清了，或许是太宰君买走的。那时候，他极其在意自己的容貌，可以推断，他肯定是生怕那幅画落在别人手上。即便后来我们谈及鼻子的事，他还是对鼻头被染红一事心存怨恨。不单是容貌，他对自身各处的细节都极其在意。有一次，与他交好的伊马鹈平先生带我们五六个人去四万温泉场钓马苏大马哈鱼。伊马君带了相机。不知何时，伊马君拍下了我跟太宰君一起泡澡的画面。照片洗出来一看，泡在温泉中、露出上半身的太宰君的腰窝处，有着明显的盲肠手术后留下的疤痕。太宰君很严肃地跟伊马君进行了谈话，说被拍到那样的疤痕，自己十分羞愧，烦闷苦恼至极。说身体发肤受之父母，自己却使其受损，实在可耻，希望不要留下那样的照片，希望伊马君马上将那张照片的底片交给自己。他还极其严厉地请对方将加洗的照片也一并废弃。他并非在开玩笑，所以伊马君大吃一惊，便将底片给了他。太宰君大概已经将其亲手撕碎了吧。

　　太宰君是个有洁癖的人，可以说从未在女人方面费过心思。

而他也有软弱的一面。虽说外面有家室，因为对方的存在，他可能会在寒冬腊月中去登富士山，可能入佛门过着每日参禅的生活，可能会随波逐流接受不再写小说的命运。度过了苦闷良多的青葱岁月，他身上却还是保留着孩童般的脆弱。可是，我一直以为，他身上那种即便体力耗尽也不忘写小说的韧性终究是我无论如何也学不来的。

太宰君酷爱写小说。在他因过量注射镇痛剂 Pavinal（羟考酮）而中毒之时，即使总管担心他会因此丢掉性命而苦劝他入院治疗，他也丝毫不为所动。"我刚刚接到了《文艺春秋》的约稿。《改造》也来约稿。等交了稿再去住院。你现在让我住院，是想让我当罪人吗？"其实，那时候他并未接到两家杂志的约稿。他只是以此为借口拒绝入院。然而，总管向我隐瞒了太宰君中毒一事，他这种状态大概持续了三四个月。最后，总管向我和盘托出，恳请我出面劝说，我便去了刚搬到船桥町的太宰君处。可是，我也说不出口，只是跟太宰君下了整天的将棋，当晚留宿。他在下棋期间，时不时会离席，似乎是去进行注射。次日，总管来访，向我使眼色询问情况，我回以眼色告知尚未提及，总管不禁连连叹息。终于，总管下定了决心，说道："修治，您还是去住院吧。哪怕去做个检查。拜托了！"太宰君脸色大变，道："住什么院？我得抓紧时间写小说！"长久以来，太宰君自己也对我隐瞒了中毒症的事实，现如今因总管的一句话，他也意识到我跟总管此次上门是事前商量好的。而且一旦入院，就再也不能继续注射，脸色大变是理所当然的。症状已然恶化，一天注射一两支根本不够。我那时候记下的《太宰治日记》中有这样的记录："北先生私下里给我看了船桥町药店的账单。Pavinal 的费用为 400 多日元。这仅仅是一个月的量。我心中一片黯然。他怕被房东或外人觉察，就挖坑将注射剂瓶埋了起来。"当时，Pavinal 一支大概要三十钱到五十钱。他一次要注射三四支，每日注射多次。身体已经虚弱到顶点。脸色也透着一丝阴郁。我拼命劝道："算我这辈子最大的请求。你赶紧住院吧。要是没命了，就写不成小说了。这简直太可怕了。"而太宰君突然起身离席，躲进了隔壁房间。从隔扇拉门那边传来了压抑的痛哭声。两位总管和我屏住呼吸侧耳倾听。终于，哭声停了，太宰抱着叠好的毛毯垂头丧气地默默走向玄关。他终于下定决心住院。我们跟随太宰君走了出来，他走出玄关，坐上了总管停在那里的汽车。大家都沉默着坐上车，司机也没有开口问目的地便发动了车子。总管应该事先跟司机交代过了吧。总管明明只字未提，汽车却驶向了江古田的医院。在行驶途中，津轻的总管每逢经过日莲宗的寺院便脱帽，虔诚行礼，祈祷太宰君能够顺利入院。这位总管是日莲宗的信徒。

到了医院，太宰治在住院手续的书面资料上按下手印时，没有丝毫的犹豫。我们就像加诸他身上的手铐脚镣，既然以那种方式硬逼他出门，他也就随波逐流了。他竟意外地没有做任何反抗。从中毒患者的角度来看，住院大概就像投身地狱。他为何不反抗？我内心十分焦躁。将太宰送去医院之后，我总觉得自己干了一件特别残忍的事情，归家途中便决定去借酒浇愁。我在新宿的酒馆"樽平"喝完酒才回了家。

次日，《改造》和《新潮》给太宰寄的信送达，想要拜托他为正月第一期杂志写篇小说。但是，医院里有规定：患者在出院前绝对不可同外界联系。我让妻子给两家杂志社打了电话。太宰在医院住了四十天，出院后才为两家杂志写了稿子。不过，太宰君之所以会麻醉剂中毒，是因为接受盲肠手术之后，医生过度注射了 Pantopon（阿片全碱）。总管给我看了数月前外科医院的缴费单，如此过量注射注定是要中毒的。

注射次数已经记不清了，可在我这门外汉看来，也着实过于频繁。院长解释道，每次在拆换绷带胶布的时候，太宰都高喊"好痛，好痛，你这庸医"，无奈之下才进行了注射。可我们认为，即便如此也委实过分。不过，这是太宰君住进江古田医院之前的事，我们也不过发发牢骚罢了。

太宰君在出现中毒症状期间，尽量避免与朋友见面。住处也从位于荻洼的飞岛先生家火速转移到了位于船桥町的独院。当然，飞岛先生对中毒一事也毫不知情。住在附近的伊马君、他中学时代的朋友今官一君对此也一无所知。知晓此事的，只有为太宰君提供注射器的学生、药店、房东，以及如今已不在人世的一人而已。药店后来也深受其扰，据说是先前破例卖给他之后，就断断续续卖了不少给他。最近，搬到东京的太宰君在刻意避免与老友见面，我却不认为这次也是源于中毒症状。如今，日本处于占领统治之下，除了医生，没有人能够拿到麻醉剂。而注射麻醉剂的人几乎不会饮酒，或是与女人玩乐。今年的一月还是二月前后，我最后一次见到他，他就像住在船桥町时那样，脸色阴沉，身体虚弱得令人担忧。可当我得知他在前一晚还喝过酒，我就做出了判断，认为这并非源于中毒的虚弱。

上个月，某出版社的人问我想不想跟太宰君一起去某处安静的山间小屋。提议是这样的——陪他待上一个月后，我一人下山，之后由出版社的人每月两次运送必要物资上山。我应允了此事，可在那位先生跟太宰君谈及此事之前，就发生了这次的事情。就算说了，他估计也不会同意吧。我总觉得会是这个结果。

至此，便是我跟他这二十年交往的过程。如今，我不敢说对自己所做的一切都无愧于心。特别是最近，我总觉得也许我这老友给他带来了不少的烦闷。这让我对太宰君的死感到更加痛心、更加惋惜。

亡友——镰泷日夜

太宰治在《富岳百景》这部作品中讲述了跟我一起登三岭山的情景。写到在三岭山顶，我一脸愁容地放了个屁。作为读物，这或许是充满风情的，却毫无事实根据。后来，关于放屁一事，当时尚未结识的新内的竹下康久寄了信来，信中这样写道："我不相信您真的在三岭山顶放了屁。我的朋友们也不相信。身为太宰氏的读者，作为您的读者，我迫切希望您严正要求太宰氏删除此段。"

我向恰巧来访的太宰展示了此信。

"怎么样？毫无瓜葛的人都知道我并没有放屁。能写来如此周到的信，此人定是个细心之人。所谓善解人心的人物，指的就是这种人吧。"

"这算不算知音啊。不过，我那时候确确实实听到了，我怎么可能说谎呢，确实是放屁了。"

太宰捧腹大笑。而且，他还特意用了敬语，说："您的确是放了屁。"这是那种为了把话说得幽默而特意用的敬语。

"您的确是放了。对了，不止一个，您放了两个，悄悄放的。那时候，山顶小屋里的胡子老爹都扑哧笑出声了。"

他这么随口一说，又接着"哈！哈！哈！"大笑起来。三岭山上的胡子老爹当时已经八十几岁，耳朵已经听不见了。他怎么可能听到那么轻微的放屁声呢？而且，看他那么努力地自说自话，我都开始有种错觉，觉得自己也许真的放了屁。甚至在极力否认的同时，却时常怀疑是不是自己实际上真的放过屁。我开始这么想也是在很久之后了。

当时，太宰很让人放心。不过，所谓让人放心，指的是不用担心他注射吗啡，无需担心他自杀。他在御坂岭山顶上的茶馆住了八十多日，身体也完全恢复了健康。这是偶然的收获，原本也并非为了恢复身体健康才窝在山里，是为了结束东京的寄宿生活才逃出来的。除了逃离，别无他法。他在山上隐居之前，租住在荻洼一处名为"镰泷"的租处，家里总是住着两三位食客。午间，所谓的食客好友们便纷纷赶来，不管什么时候到访，他身边总是聚集着四五位客人。酒水是赊账请一家名为"平野屋"的酒家送来的。饭食则请租处的人提供客膳。下酒菜，如鳕鱼子、海胆、蕗头等请附近的腌菜店送来。每日如此，招待费水涨船高。这是太宰发表《晚年》的次年发生的事。虽然靠着他亲哥哥的代理人（是一位名叫中畑的先生）寄来的钱勉强应付，可实在入不敷出。赊欠寄宿处和平野屋的欠款数额也是越来越大。

那时，中畑先生每月惯例会进京一次，跟一位北先生一同来太宰租住的地方转转。北先生是太宰的亲哥哥派驻在东京的总管。这两位每次去太宰家之前都会先来我家，询问"最近修治（太宰的小名）表现如何"。我态度暧昧地做出回应，佯装去厨房为两位沏茶，嘱咐夫人"赶紧去镰泷，跟太宰通风报信说中畑先生和北先生来了"。若不如此，太宰在接待客人的时候就会被抓个正着。不过，我夫人是不是百分百完成了我的嘱托还是个未知数。也许她只是做做样子，佯装去镰泷，却只是去附近兜了一圈就回来了。夫人对太宰的那些食客们也没什么好印象。记得有一次，天寒地冻，太宰带着一位食客来访。食客穿着太宰的驼毛披风，看上去非常暖和，而太宰自己却冻得瑟瑟发抖。于是，二人离开时，夫人在太宰的身后为他披上了我的披风。对太宰来说尺寸有点小，下摆太短，和服的袖子从两侧露了出来。不过，这总比挨冻要好，便请他穿着回去。可事后我才发现，我的披风被叠得整整齐齐放在了玄关的台阶上，也不知道是什么时候放在那儿的。他大概宁愿挨冻也不想穿得不体面吧。我倒是可以认可这种气度，可我夫人却不以为然。她觉得这是太宰对食客过于在意的结果。食客穿着太宰的高档披风优哉游哉，只顾自己。而太宰有可能会觉得我们给他披上这不像样的披风是为了讽刺挖苦，隐含着对食客的责怪。于是，太宰反而对食客的感受诸多顾虑，临走时偷偷脱掉了我的披风。这食客竟然让太宰劳心费神到这种地步，真是太可恨了——此事过后，我夫人便对太宰的食客们万分反感。

太宰的食客们一听到女佣来转达说中畑先生和北先生来了，便立马作鸟兽散。他们从位于玄关反方向的出入口逃出去，等中畑、北先生离开后又原路返回。这算是每月一次的"盛事"，而北先生人就在东京，会时不时来转一转。不过，北先生担心我会倒戈，便不来我家，径直去太宰在镰泷的住处来个突然袭击，返程的时候会来我家坐坐，跟我抱怨诸多。这才是正确顺序。有一次，气鼓鼓的北先生跟我这样说道：

"刚才我去过镰泷了。您觉得如何？修治他正坐在窗边翻看杂志。当然，这没什么问题，可大白天的，床铺还铺在那里。有两个不明来历的年轻男人背对背睡在床上。当然，就算这也没什么，还有两位客人将厚纸板的将棋棋盘当作小桌，正在喝酒。这成何体统！无论如何，请您一定要答应我！请您务必常去镰泷，将那些吃闲饭的赶出去！给他寄钱，他肯定会浪费。不寄，他又要意志消沉喊着要去死。不管怎么样，请您一定要将那些寄生虫赶出去！"

我婉拒了这个任务。"我不打算过多干涉他人的生活"，我如此答道。即便我表明态度，太宰的食客们也不过是看着我冷笑而已。

不过，太宰自己偶尔也会想一个人待着吧。有一次，我碰巧看到他坐在荻洼站南口的荞麦面店里，面前摆着笼屉荞麦面，独自小酌。透过店家敞开的入口，可以清清楚楚看到他。我通常都会径直走过。曾有一次，我假装去那家店喝酒，走了进去。点了酒和荞麦面，坐在了榻榻米边沿上。太宰用手帕拭着汗，掩饰道：

"哇，您可真是风雅啊。一抔面，一壶酒，颇为古风，甚是高雅。可谓是真真正正的潇洒啊。"

自那时候起，太宰就已经有了摇晃酒壶的习惯。摇晃酒壶，本是要确认壶中是否还有酒，而他摇晃的动作中却透着一丝丝的慌乱。

北先生和中畑先生提出要给太宰安排一门亲事。这两位担心他没有家室，生活会变得一塌糊涂，有再次注射 Pavinal 的风险，于是，专程来到我家商谈此事。中畑先生开门见山，告知此次是为了太宰再婚一事前来拜访，北先生也是一脸郑重地询问修治有没有意中人。太宰若能有此艳福真是再好不过，可我只能如实相告，修治君似乎并没有女朋友。

"既然如此，您心中有没有合适的人选呢？"中畑先生问道，"修治的奶奶、姐姐都很担心。可是，我们也不能在老家为他张罗。"

"真的很难办。"北先生说道，"以前，修治惹出镰仓事件①之后，他哥哥就有意淡出大众的视线，辞去了所有名誉职务和几家银行的重要职务，毕竟他公开表示这十年间会谨言慎行。真是悲壮的决定啊！即便如此，后来又发生了同样的事情，所以不得不放弃在老家为他张罗婚事。我们是这个意思。"

虽说要在老家之外的地区为他物色新娘，可我也没什么合适的人选。那时，我认识的年轻女性只有酒馆的女服务员。

"若是从女服务员中物色人选，让修治自己找岂不是更好？"我答道，"这样一来，就必须要去西式酒馆。我们得为修治君提供足够的交际费用呢。比如说小费之类的，总不能太小气吧。而

---

① 镰仓事件，昭和五年（1930 年）末，太宰治与在银座酒馆结识的女招待田部目津子相约在镰仓腰越町小动海岬服药自杀。结果，田部身亡，太宰治获救。

且，那个人要是独自一人去酒馆，在女性面前可是羞于开口的。"

"我们很清楚这一点。"北先生说道，"喝酒的话，我们也就不用担心他会注射 Pavinal。不过，我们不希望他带着那帮赖在镰泷的家伙去。对吧，中畑！"

二人于是去了镰泷，劝说太宰君多去酒馆逛逛。

自次日起，太宰君的酒馆之行便开始了。目的地是位于新宿 T 字型街的立食酒馆。陪同他的搭档是当时寄宿在荻洼川南的盐月先生①。时不时会有一位名叫藏先生的中年男士加入，不过大多都是盐月先生陪他一同前往。盐月先生厌恶喝酒，是个老实本分的青年，当时没有固定工作，所以作为他的陪同也并非多么麻烦的事情。不过，听太宰君的意思，体型娇小的那个女服务员喜欢上了盐月，而太宰却未受到青睐。

"我甚至都不如藏先生。昨天，酒馆打烊的时候，我本想送穿黄毛衣的女服务员回家，可她挥挥手让我自己回去。她挥着穿黄毛衣的手腕，说'您请回吧'。"

据说，那位女服务员租住在四谷花园町的烟草店的二楼，供养着生病的表兄。

"有点危险啊。所谓的表兄，基本上可以确定是小白脸啊。

---

① 盐月纠（1909—1948），日本小说家、评论家，著有小说《某种幸福》、评论集《蔷薇世纪》等。

还真是个难题啊。"

我并没有安慰他。

"是小白脸吗？会不会改变想法呢？"

太宰说道。

太宰的酒馆之行大概持续了一个月后，中畑先生和北先生来到我家打探消息。

"怎么样？修治他会不会有了一点收获？"

中畑先生一脸紧张地问道。

"果然还是不行。"

我如实相告。

北先生惋惜道："他怎么这么笨手笨脚啊。"太宰本人也认同自身的笨拙。他称自己为"如熊掌般笨拙的男人"。我对北先生说："何止是熊掌，修治君简直如马掌一般笨拙。"

"老北，现在不是说笑的时候！"中畑先生说道，"之后该怎么办啊？你心中有合适的人选吗？"

"没有啊。就算有，也肯定没戏。"北先生答道，"我介绍的结婚对象，他哪怕是故意的，也绝刈不会接受。Pavinal 事件的时候，我把他送进了精神医院，他早就把我当成不共戴天的仇人了。"

前年，太宰罹患 Pavinal 中毒时，是北先生联系太宰的老家讨论安排他住院的。太宰中毒很深。频繁的时候，一天就要注射五十几支。一次注射一两支根本无效，要注射五六支。他那时候非常虚弱，如行尸走肉一般。一口饭都不吃，只吃水果。坚决安排他入院治疗的，正是北先生。"反正我扮演的就是被憎恨的角色。"北先生说道。为什么北先生要扮演这样的角色？起初我感到非常不解。后来，我渐渐明白了个中缘由。北先生这个人，是太宰长兄的头号拥趸。他非常担心太宰犯的错误会让其长兄颜面扫地。这也是他自告奋勇扮演被憎恨角色的原因。中畑先生也是太宰长兄的崇拜者。将太宰送去精神病院时，汽车途经日莲宗的寺院，中畑先生每次都会对着山门脱帽、郑重行礼。他诚心祈祷修治能够全须全尾地入院治疗。

太宰往来于酒馆期间，身边还留着一两个食客。他不再去新宿 T 字型街之后，开始带着食客去阿佐谷附近的酒馆。当时，我跟阿佐谷一家名为"匹诺曹"的小餐馆的老板交好，经常会去店里坐坐。主要是为了喝扎啤。"匹诺曹"的第一任老板是次郎先生，第二任老板是佐渡先生，时值第二任上任不久。当时，这家店的老板在岩手县买下了锰矿山，一切经营得顺风顺水，佐渡先生撞了大运。有一日，我正在店里喝啤酒，老板娘拿出一张大幅照片给我看，是老板娘长女的照片，说是想要将她嫁给立志做小说家或剧作家的青年，随便哪位都可以。次女的婚事已经定好，所以着急将长女的婚事也谈定。

我想到了太宰，同老板娘说道：

"随便哪位都可以？是真的谁都可以吗？二婚人士也可以？"

老板也出来答道：

"拜托您了。当然，谁都可以。您不要见怪，我们后面还等着成婚呢，真的很着急。"

我要来了报纸将照片包好，心想太宰也能成家了。

次日，我在去太宰住处的途中，偶遇了正要来我家的太宰。我将报纸包好的照片给了他。

"等你回到住处，打开看看吧？是一位妙龄女子的照片。如果你还想娶妻，就直接告诉我。"

"那我一星期之后跟您答复。不，我第五天就过去。"

他回应道。

一直以来，太宰经常会去"匹诺曹"。这家姑娘也认识太宰。根本没必要看照片。太宰只要看过照片后下定决心就好。明明说第五天，太宰他第三天就来到我家，将报纸纸包放在我桌上，说道："我决定娶她。"

他就这样简洁、安静地给出了答复，话语中反而充满了力量。

我即刻起身赶往"匹诺曹"，对正在打扫店内的老板娘传达了此事。

"我跟他本人聊了，他说想娶。我觉得这是段好姻缘。"

老板娘仰头看着我，说道："您口中的'本人'是太宰先生吧？不过，那之后，我跟外子商量过，如果是太宰先生，那请允许我们婉拒这门婚事。我知道这样做非常不妥当，可……"

"这太让人为难了！明明说谁都可以，现如今却又说这种话。我不能接受！"

老板娘走到里间把老板请了出来。

"我说，'匹诺曹'老板，你们太难为人了吧。我刚让当事人应下此事，怎么有脸让他放弃？你们是在耍我吗？"

"实在对不住。可是，真让人为难啊。关于此事，其间有诸多隐情，我们也没法直言相告，真的对不住了。"

"是 Pavinal 吧？中毒症状已经完全治好了。你们到底对太宰哪里不满意？"

"实在抱歉。主要是我们太着急张罗婚事，没想到就往奇怪的方向发展了。给您添麻烦了。"

我心中大致有数了。在我拿走照片的三日间，他们肯定另外寻到了好人家。如此想着，我便没再多言。事后我才知道，原来是太宰的某位食客朋友，得知太宰收到了照片，故意搅黄了这门亲事。

我向太宰叙述了经过，并向他道歉。

"也就是说，Pavinal又'投敌叛变'了。我也是过于草率。实在抱歉，请你一定原谅我。"

"不，没关系。怎么样都可以的。"

太宰的语气淡淡的，内心肯定是不舒服的吧。

我向北先生报告了此事。我当时就决定，再也不帮人说媒了。然而，甲府的斋藤先生的夫人来访，说是女儿的婚事已经谈定，希望请我担任媒人一职。我予以婉拒，推荐了其他人。那时，我们天南海北地聊，谈及了Pavinal的事。

"所谓'任何人都可以'，不过是客套话罢了。而我却按照字面意思全盘接受了。我朋友太宰治家的总管好像也当了真。该怎么去理解这句话，是不是有地区差异啊？"

我也提到了新宿的女服务员不把太宰放在眼里的事情。斋藤先生的夫人说这可是如今难得一闻的浪漫轶事，一副完全未当真的样子。然而，斋藤夫人一回到家乡甲府，马上送来了照片，说是有个好消息。斋藤夫人读女校时候的朋友家有四个女儿，希望可以将排行第三的女儿嫁给前几日话中提到的那位年轻作家太宰先生，照顾他起居。那是个老实本分、冰雪聪明的姑娘。信上说，如果进展一切顺利，他们夫妇可以撮合这门婚事。我向中畑先生报告了此事。对方表示一切就拜托了。

　　因为 Pavinal 的事情，我算是栽了个大跟头，所以太宰来的时候，我什么都没说，将未开封的照片交给了他。他也沉默着将照片拿了回去。一周过去了，两周过去了，太宰对照片未提及只言片语。我也没有追问。一个月之后，我外出旅行，在御坂岭山顶的茶馆暂住。本来计划只住一两周，最终却逗留了四十多日。其间，我多次给太宰写信，劝说他也来山上，接替我住上一段时间。

　　我夫人先于太宰来到了山上。由于我连续几十日离家未归，她是顺便来刺探敌情的。不过，她表面上的说辞是觉得稿纸可能不够用，是专程来给我送稿纸的。她还很难得地化了淡妆。二三日之后，太宰也来了，说是"终于还清了平野屋的欠债，退掉了租住的房子，真是忙得不可开交"。北先生托夫人带来口信，说："修治终于摆脱了那帮寄生虫。近日应该会赶往御坂岭，去感受灵山之气。修治他应该也大大松了一口气吧。真希望他能好好写作。"

　　虽说才九月上旬，有些树已经染上了点点鲜红。栗子成熟还要些许时日，不过我跟太宰也一起下到谷中摘了些。我们还采了些菌子，比如獐子菌、香菇、沙晶兰等。太宰对这些菌子完全不感兴趣。我们也一起爬了三岭山，"满脸愁容"的正是太宰本人。

　　太宰来到山间小屋后的第五或第六日，斋藤先生自甲府赶来山上。斋藤先生就职于巴士公司的销售部，从乘务员那里听到了很多流言。他似乎是从盘山巴士的女乘务员那里得知了太宰到来的消息。我在山上逗留的这段时间，斋藤先生一直是拜托乘务员为我带来每日的报纸。我跟乘务员也成了无话不说的朋友。这位女乘务员告诉斋藤先生，这次来了一位名叫太宰的年轻小说家。斋藤先生跟夫人谈及此事，夫人断定这位太宰先生一定是对照片中的人有什么想法。

斋藤先生趁太宰去泡露天温泉的空档，跟我开诚布公道：

"我太太说年轻人在这样的山间小屋逗留多日实在令人费解。因此，请恕我直言，我也觉得他大概是有那个意思。不过，他到底是怎么想的呢？"

"到底怎么想的呢？他对此事只字未提。我也尽量避免谈及此事。"

关于照片，我夫人也说从未听太宰提及。

太宰泡好温泉后，我跟夫人一同来到了楼下的房间。太宰已经猜到了斋藤先生此行的目的。我们起身的时候，他已经端端正正坐好，垂首以待。而且，明明刚泡好温泉出来，他却在棉袍外束上了角带。在这山间，九月也要穿着棉袍，可角带却是太宰从东京束在身上带来的。

开往甲府的公共汽车到站后，斋藤先生慌慌张张从二楼跑了下来。简短聊了几句后，他说："那我明日恭候大驾。请您一并陪同前往。"

说完，便上了车。

次日，作为太宰相亲的陪同人，我一同前往。我夫人留在了山上。

斋藤先生碰巧公司有会，不在家。他夫人引领我们拜访了照片中人的家，不过，我跟斋藤夫人刚进会客厅没多久便马上借故离开了。是斋藤夫人轻声拜托我这么做的。太宰和这家的太太一起送我们到玄关。

"我得赶着去坐公共汽车。"我对太宰说道，"绝非把你一个人丢在这里。不过，公共汽车马上要没了。你要跟他们好好谈谈。好吗？你得让心情平静下来啊。"

"好。"

太宰治轻声应道。眼珠上翻，两手无所事事地垂在身侧。也许是过于紧张，全身使不上力吧。

"真是的，这位还真像个孩子啊。"

斋藤太太出来后，一脸震惊。

太宰计划那日相亲结束后，在镇上的民宿住一晚，次日再坐公共汽车回山间小屋。我回到了山上，同夫人坐了次日首班车赶往甲府，回了东京。数日后，我收到了太宰的信。信中写道：

"我已经向斋藤先生夫妇表明了希望结婚的决心。"我给北先生打去电话，传达了此事。

北先生马上给津轻的中畑先生寄去了挂号信。当然，太宰肯定也通知了中畑先生。中畑先生马上动身进京，与北先生一起莅临寒舍。他俩满脸兴奋，一来就开始大声讨论婚礼要在哪里举办。北先生提出，如果在隆重华丽的地方举办，担心修治会粗心犯错。中畑先生说，会场设在哪儿都不成问题，可如果修治知道是他哥哥支付费用，是有可能麻痹大意的。这二位虽然意见不一，却在"眼下还是不能掉以轻心"这一点上达成了共识。不过，按照甲府的风俗习惯，在举办婚礼仪式之前，需要进行"献酒"仪式。若是没有"献酒"仪式就结婚，会沦为街坊邻居的笑柄。这一仪式完成后，男女双方便会被看作已经完婚。男方需要参加献酒仪式，不过，女婿不出面，需要请相熟的老人带着酒前往。女方整个家族齐聚一堂，在神前供上酒等候男方来者。在神前将女方的酒跟男方带来的酒混合，以此行"三三九度"之礼。

"要说这毫无意义，倒也如此。"我说道，"不过，新郎新娘也不愿反复举办这么繁琐的仪式。不想再婚。大概都会这么想吧。从这一点来说，大概也是有意义的吧。"

"这真是一种非常稳妥的想法。"北先生说道，"既然如此，献酒也是个重要的仪式啊。我说，中畑，该由谁去献酒呢？"

"就拜托咱们这位吧，虽然这真的很麻烦。"中畑先生伸手指向我。

我予以婉拒。

入了十月，我又去了御坂岭。那时，我已经厌倦了生活，想着无论如何也要重新振作，便把旅行算作了一个解决之法。严格说来，这算是给我自己放个假，不过是让生性喜爱在田间散步的自己放松一二而已。总之，我经常外出踏上旅途。我将装有牙刷、毛巾、肥皂等必需品的背包塞在衣柜里，确保兴起时能够马上出门。

十月的御坂岭红叶漫山遍野。太宰前一天便外出了，民宿的老板娘也不知道他去了哪里。我向一位叫高野的姑娘打听他的去向，姑娘说"太宰先生去了准新娘家"。

二楼的房间收拾得整整齐齐。桌上的墨水瓶旁边摆着一只汽水瓶，插了几支吊钟花。太宰爱用的镶有金色笔头的钢笔下，压着一大片平整的枫叶。红艳似火。

这看上去也像是年轻女性的桌面。我感到一丝意外。这桌上风景竟如此惹人怜爱。看来，太宰在这山间小屋彻彻底底地享受到了这无边秋色。比起荻洼镰泷的室内，这个房间俨然像别人的房间。住在镰泷时，即便是窗外的紫藤花开他也会不高兴。"这颜色怎么会这么令人讨厌呢？这气味也只是在卖弄风情。"他的话中充满了厌恶。

"你之所以这么说，是身为鉴赏家，特意反其道而行吧。正如有些人就有这种嗜好，看到雨后冉冉升起的满月，会觉得那颜色令人无比厌恶。说说又不费劲。"

"并不是嗜好，我是生理性厌恶，是真的讨厌。这确实是很让人讨厌的颜色吧。"

"那就算是吧。"

"那就算……"

他在镰泷时的房间，夏天的时候会西晒，非常热。他曾说过，"没有比西晒更令人讨厌的了"，对西晒也是一通厌恶之词。我也深感赞同。

第一次出发去御坂岭的前夜，我去了位于荻洼八丁路一家名叫"阿龟"的小店。这时，太宰百年难遇地独自一人走了进来。我跟他说要去山上待一阵子，他提出"喝个饯行酒"，我二人便对饮起来。"阿龟"的老板说要打烊了，请我们回去，我们便一起走了出来。在拐向回镰泷的胡同前，太宰突然发出了尖锐的哭声。他就哭了一声，便马上止住了。

随后说道："我要去派出所，戏弄一下巡警。"用我这醉得宕机的脑子想想，这也不是一个精明的决定。大概是他心里不舒服吧，像是临时起意。

"我钱包里有两张五日元的纸币。我就说捡到了钱包来上交，骗过巡警，把钱赏给他。"

我出言制止，但他坚决不从。可是，如果把十日元都给了巡警，他明天开始的生活必定会受影响。我从自己的钱包里拿出五日元，让太宰也拿出五日元，说便就此作罢吧。也就是我俩每人出五日元。

"均摊吗？"

"均摊就好。"

"真是小气啊。你这算怎么回事？"

即便如此，他还是取出了五日元，连同我的五日元纸币一起拿着去了派出所。

巡警根本没把太宰当回事儿。

"你是住在镰泷的租客吧。你不应该戏弄我们。你刚才说话那么大声，这边可是听得一清二楚。不过，我知道你没有恶意。"

"完蛋！真是让人懊恼！"

太宰急急忙忙快步走开。他有目的地的话，脚程快得很。我知道，他已经放弃了奇思妙想准备回去了。我跟他说了声"house"（家），便回家去了。彼此都羞于感伤。为了掩盖感伤的无聊笑话也让人觉得羞怯。

我到了山间小屋之后，给太宰写去了信，取名为"风声与山上风景"。我用感伤的文体描绘了山上的风景。太宰在他那标题为"五日元纸币与巡警之夜"的回信中表示"为前几日夜里的行为而感到羞愧难当"。我又给他回了信，在信中写了一桩很久以前自己还是学生时听到的逸闻。我的同班同学中有一位叫伊达的，他在深夜里曾用公共电话戏弄过接线员。他一会儿问接线员时间，一会儿又问对方的姓名和年龄，还说什么"我好寂寞啊"。我将这则逸闻按照讽刺短剧的形式进行了加工，取名为"人外有人"。

大约十年前——与太宰治有关的琐事

　　昭和七年之后的数年间，每当太宰君惹出什么事端，我都会将与太宰君有关的事迹记录下来。这出于我的个人原因和隐情。那时，我自己不记日记，却会时不时写一些跟太宰君有关的日记。如今看来，真真算是徒生事端和烦劳。可那时候，这算是我的日常杂事之一。

　　虽然我很想言明理由，可为了避免话语过于唐突，也想要发发牢骚，便将太宰君进京以来的大致经过记录在此吧。

　　太宰君是在昭和五年的春天进京的。我不清楚他在此之前有没有来过东京——幼年时另当别论，即便来过，他应该也是住在位于牛込拔弁天的别墅。那是他父亲的居所。据说他父亲半年住东京、半年住青森，在太宰君上大学之前便过世了。记得有一次我跟太宰君走在拔弁天那一带，他告诉我，"那房子是父亲住过的。父亲过世后就卖掉了"。那栋房子位于西向天神社后面，非常气派，后来，这一带在战争中被付之一炬。烧毁前住在此处的，有当时东京日日新闻社的阿部真之助先生。

昭和五年进京，那已经是十九年前的事了。进京后的太宰君在哥哥圭治先生位于户塚源兵卫的家中暂住了一段时间。圭治先生上的是美术学校，母亲为了照顾生病的他也住在这里。不久，圭治先生搬去了高田马场，太宰君便与圭治先生分道扬镳，搬到了附近的寄宿公寓。住在这间寄宿公寓期间，他写了信给我。信中写着"如果不见我，我就去死"，以此威胁我，并在我去作品社的办公室时找上门来。办公室位于神田须田町一家名为"万惣"的茶亭斜对面的楼上。当时，太宰外穿久留米绊的和服，内穿雅致的印花内衣，下穿略长的和服裙裤。"内衣是你兄长的吧？"我问道。"是的"他答道。我当时心想：他还真是时髦啊。他的鼻子给我留下了深刻的印象。他一兴奋，就会拿食指的指腹反复揉搓那笔挺的鼻子。将指尖放在鼻子上，然后拿手指一圈圈地揉搓。很久之后，他在阿佐谷的外科医院接受盲肠手术，我等在手术室外，走廊上躺在医用推车上被推过来的他就一直拿食指揉搓鼻子。送进病房之后，也一直重复着同样的动作。做手术的主任医师不禁感叹："真是个意志坚强的人啊。"然后，他用镊子夹起放置在四方盘中的、切掉的盲肠，展示给我看——"就是这个"。

太宰从高田马场搬去了本所一带。那时候，他开始接受左翼思想，跟刚好自青森进京的初代女士一起搬至本所一带，后又马上搬去了八丁堀一带。家里经常有左翼分子出入，所以要对官府隐藏行踪。听说似乎在初代女士的老家惹出了大乱子，来自青森的中畑先生来接初代女士，将太宰押在当铺的初代女士的物品全都赎了回来。后来听北先生说，太宰自诩左翼之后，经常留两三个男人在家里白吃白住。那些人一副劳动者的样子，或是故意做成那样的装扮。为了筹措费用，不单是自己的东西，他连初代女士带来的衣物都拿去当铺当掉了。自那时起，太宰就有了一种嗜好，总会将某种类型的客人留在身边。可是，据充当太宰监护人角色的北先生说，其实太宰并不喜欢这些宾客。虽然他努力想去理解这种所谓的流行思想，可他并不尊重这些人。他极力想在不引起对方反感的范围内尽量逃离。首先，太宰非常胆小，胆小到令人无法相信。他担心受到伤害，或者被人非难，担心到近乎得了妄想症一般惴惴不安。从这个意义上来说，这是一种病态。"他去镰仓实施第一次自杀，似乎也跟这有点关联。除此之外，似乎也没有其他特别的理由。"北先生说。初代女士事后又来了东京，有一回也说了同样的话。初代女士也认为太宰的左翼做派不过是赶时髦，"总觉得有点怪怪的"。太宰为了学习马克思主义，买来一张宽大的桌子，坐在软乎乎的椅子里阅读马克思的著作。后来，他又为初代女士买了一张一模一样的桌子，让初代女士也坐在桌边阅读马克思的著作。初代女士说，这是那种摆放在办公室里的大型办公桌，坐在这样的桌前阅读马克思的著作实在令人吃不消。要是跟他说读也读不懂，太宰还会不高兴。

本所一带、八丁堀一带，然后是东中野的小泷桥附近的寄宿公寓——我记得大概是循着这个顺序更换住处的。太宰骨灰下葬那日，我向北先生做了确认，他说大概是这么个顺序。我也征询了今官一君的意见，说是他好像还在本乡待过。具体已不可考。仅有一次，太宰曾带我去过他位于小泷桥附近的寄宿公寓。那是一个潮湿、昏暗的房间，初代女士已经不在了（太宰跟初代女士同时失踪只有短短三个月）。太宰讲述了与左翼分子断绝往来的困难，又描述了警察局的恐怖。那时候，他被杉并警察局以思想犯的名义拘留，刚被北先生出面领回。想必是受到了警察的多次辱骂，意志消沉。那时，太宰所在的那个房间里并没有其他来客，但是可以看得出，二楼或某处房间里住着客人。他用报纸将桌上的苹果包好放进怀中便中途离开了。然后带了个皮肤黝黑、身量很高的人进来。我知道自己性格中有认生的一面，便起身告辞。那日，我刚好为改造社出版的佐藤春夫全集的宣传插页撰写了一篇关于佐藤先生的文章，印象深刻。翻看我的作品年表，事情发生在昭和六年十月。我记得，太宰与广岛那位女性共赴镰仓自杀好像也在那个月。

自镰仓回到东京后，太宰暂住在北先生位于下大崎二丁目一番地的家中。从青森的五所川原市匆忙赶来的中畑先生同北先生及其他两三位经过商量，决定要给太宰说一门亲事。他们极为通情达理，觉得那么害怕寂寞的人如果没有娇妻陪伴实在太可怜。太宰表示"初代就很好"，中畑先生便马上返回青森，向初代女士的家人正式提亲。不用说，太宰的长兄肯定很头疼。弟弟的所作所为被地方报纸大书特书，长兄谨言慎行，公开宣布今后十年内将不会出任任何公职。总之，长兄表示弟弟的事就全权托付给中畑先生和北先生，初代女士便嫁给了太宰。但是，太宰的长兄虽说性情温厚，却也有清高的一面。他打算给弟弟提供足够的生活费，可自己给又咽不下这口气，于是便跟北先生说把钱寄给他。北先生也很固执。"我觉得这不是平时的您该说的话。"北先生回答道，"我很清楚，您对令弟这次的所作所为感到极为愤怒。我也很理解您公开与令弟断绝关系的心情。可是，小人绝无可能去庇护与您断绝关系的令弟。小人建议您跟令弟分家。在手续办完之后，我可以代令弟接收您寄来的钱。"于是，太宰就分了家。自那时起，原名为津岛修治的他就启用了太宰治这个笔名。在新宿站出口附近，他在掌心写下了这几个字，告诉我决定改名。

太宰在北先生家住了有半年。那之后，便在白金台町租了个房间。住了大概半年，便在下大崎一丁目安了家。北先生时不时会去太宰家转一转，扮演着将客人或食客赶走的角色。那时，太宰已经掌握了驳倒北先生的诀窍。北先生来到我家，跟我抱怨道："修治他现在满口歪理，我根本不是他的对手。"左思右想，北先生跟青森的中畑先生仔细讨论后，决定让太宰寄宿在同乡飞岛定城先生家。飞岛先生住在荻洼。

当时，太宰的身体状况已经非常糟糕。他一个人陪着很多人喝酒，而且是连日饮酒，身体根本吃不消。确定要寄宿飞岛先生家之后，他因胸膜炎住进了经堂医院。院长泽田先生是太宰长兄的朋友。太宰在这家医院住了三个月。

出院后，他马上搬到了位于荻洼的飞岛先生家。他家位于荻洼站北侧的德川梦声先生家后面，右邻是画家津田青枫先生家。那时，飞岛先生刚从东京日日新闻社的文娱部调到社会部。飞岛先生也很了解当时的文坛。即便太宰声称接到了《中央公论》这样的主流杂志的约稿，飞岛先生也不会上当受骗。太宰也不会同飞岛先生说这些。而北先生却会被他的一两句话骗得团团转——我现在接到了《改造》这家知名杂志的约稿，所以要去汤河原闭关写稿——只要这么说，北先生就会高高兴兴地为他垫付旅费

（事后，文治先生会代为返还给北先生）。北先生对文坛一无所知。太宰经常欺骗这位勤奋顽固的先生。他身边需要这样一位守护者。他年少时应该有一位奶妈。他在《津轻》这篇风土记中写到了这位奶妈。来东京之后，北先生就成了那位奶妈的替身。青森的中畑先生时不时也会被当成替身。只是，与奶妈不同，中畑先生和北先生并不是太宰家的下人，是正正经经的社会人士。这两位先生不过是出于对太宰长兄的敬佩之心，为了这位大人才决定要守护着他的弟弟修治先生，以免他惹出什么大乱子。谈论太宰的经历，这两位先生是绝对绕不开的存在。

太宰搬到飞岛先生家的次日，中畑先生和北先生齐齐来了我家。两人一脸郑重，希望我今后能做太宰的监护人。我婉拒——与他相识以来，虽说我并非他身边的那些献媚之人，但也算不上至交好友，还是请另寻他人吧。可中畑先生和北先生不会轻易放弃。"是要促膝谈判吗？"我问道。"当然！"对方答道。我真希望能够岔开话题，聊点别的。这两位客人也聊了些闲话，可最后还是把话题拉了回来，你来我往坐了足足有半日。最终，我跟他们做了如下约定：我不会接受做他的监护人，可是如果太宰他们夫妻吵架，初代女士可以来找我家夫人。同时，我去太宰那边，邀他出去散步。一旦察觉他可能又要惹事，马上联系北先生和中畑先生。这就是间谍的工作。另外，若是出了什么事，将其记录下来。这是为了之后若是太宰又闹脾气，可以用作太宰自身的参考资料。

总而言之，模仿太宰的语气，我接受了这个"无耻下流、满怀恶意、粗鄙不堪"的工作。太宰也知晓此事。我也不知道他会不会在日记里写"（自己）不禁笑出声来"。前不久跟中畑先生和北先生见面时，我提到："那时真是磨了好久啊。"北先生回答道："是磨了好久，有小半天呢。"我会记下跟太宰有关的杂事，确是出于这样的个人原因和隐情。而且，即便发表这些记录，也已经失了时宜。故人早就不会再发脾气了。

记录有五篇。分别是：太宰君第二次赴镰仓自杀时的记录、赶赴谷川温泉准备投身谷川赴死时的记录、与初代女士分开时的记录、因 Pavinal 中毒住进江古田的医院时的记录，以及再婚时的记录。最近他在樱上水自杀的事件并未记录在案。太宰与家人安顿在三鹰市之后的第二年，我与中畑先生、北先生的约定便解除了。太宰带着碰巧来访的中畑先生和北先生来我家时，我向这二位提出解除约定。我事先就拜托太宰，如果两位来探望他，请他务必带两位来我家一趟。于是，太宰便带了他二人过来。我对他们说："那件事，希望可以到此为止。太宰君自从在三鹰有了家室，已经有近两年相安无事。就到此为止吧。"北先生和中畑先生也很清楚太宰的生活已经安定了下来，不可能有异议。两位很

一四〇

高兴地同意了我的请求。这之后的记录一片空白也是源于此。因此，我对晚年的太宰一无所知。从疏散地重回东京之后，太宰一直对我避而不见。即便遇到难事，他也早就习惯了对我隐瞒。就算不刻意避开我，结果也是一样的。可事实上，他的确对我避而不见。我得知他与女性交往甚密的事情，也是在他过世之后了。

如今，我无法把五篇记录全部写出，就将他 Pavinal 中毒时的事情记录在此吧。事情发生在昭和十一年，《晚年》刚出版不久。

十月七日（昭和十一年）

太宰家的初代女士来访，告知太宰君因 Pavinal 中毒一天需要注射三十至四十支吗啡，希望可以跟乡下的长兄津岛文治先生报告此事，安排他紧急入院。太宰的注射数量，多则一天要五十多支。一次一支丝毫不起作用，每次至少需要注射五支。鄙人反问道：我很难理解这件事为何要隐瞒至今日？初代女士回答道：太宰他一直让等三四日，再等三四日，说他自己的身体自己负责，才拖延至今日。鄙人也赞成安排他住院。

十月十日

晚上十点，拜访佐藤春夫先生，与他商量了安排太宰住院一事。佐藤先生也与鄙人看法一致。谈至深夜，遂告辞。

十月十二日

五反田下大崎的北芳四郎先生，青森的中畑庆吉先生，以及初代女士三人一同来访。他们来拜托鄙人去劝说太宰住院。鄙人坚决婉拒，可三人异口同声地拜托我。如此，我便去了船桥町太宰家。

我与太宰谈论文学，还下了几盘将棋。看他的样子，似乎并未觉察我此次到访是为了劝说他住院。太宰时不时会起身离席去注射。鄙人迟迟未能开口，最终在太宰家留宿。

（附记：太宰会起身去洗手间注射。来我家时，下着将棋，太宰也会频频离席。初代女士随后会送注射器过来。太宰入院之后，初代女士才坦白了此事。）

十月十三日

与太宰一同用完早餐，正在闲谈，中畑庆吉、北芳四郎两位先生来访。北先生对我使眼色，询问我有没有提过那件事。我回以眼色，告知尚未提及。

中畑先生一脸失望（中畑先生是太宰的长兄津岛文治先生的代理人，北芳四郎先生是津岛家族在东京的大总管）。

中畑先生与太宰闲聊了会儿天气，终于下定决心，说道："修治，拜托了。你还是去住院吧。"太宰眼看着脸色大变，连忙说道："哪有时间住院，我得赶紧写小说。《文艺春秋》约的小说，长达三十页，这个月八号截止，我得抓紧时间赶稿。稿费早就预支了，交稿之后我打算去正木不如丘先生经营的高原医院治疗胸口的毛病。"来来往往僵持了两个小时后，太宰去了隔壁房间放声大哭。

（附记：太宰似乎在放声大哭时还让初代女士帮他注射。事后，初代女士跟内子坦白了此事。）

此时，一位自称为森的二十岁上下的青年来访，提出要拜会太宰先生。初代女士来到玄关处，告知他目前正在忙，可青年完全没有要离开的打算，说一定要见到他。初代女士拜托我代为接待。鄙人出面接待。问他有什么事，对方回复说没什么要紧的事情。我请他以后再来，可对方赖着不走，鄙人便置之不理，返回原位，等青年离开。初代女士说那人是太宰的食客之一。

青年离开后，鄙人对太宰说："你去住院吧。这是我这辈子唯一的请求。如果不愿意住院，只是去做个检查也可以。"我跟他约定，"是继续追求文学，还是放弃，如今正是紧要关头。关于《文艺春秋》的约稿，我会亲自去社里寻求他们的谅解"。我还跟他约好，版画庄出版社的创作集底稿也暂时由我来保管。太宰终于同意去医院接受检查。

五个人乘车冒雨赶往位于江古田的东京武藏野医院。日暮时抵达。医院检查后做出了"必须住院"的诊断，于是他确定入院。鄙人作为担保人在资料上签名、按手印。

安排太宰住进病房后回家。总觉得内心一片空虚，心中久久难以平静。于是，同北先生在新宿樽平一醉方休。中畑先生收到了母亲的讣告，即刻返回青森。

十月十五日

院长给北芳四郎先生去电，告知患者太宰治有自杀倾向，打算将其转移至监禁室，并配备看守，希望能获得谅解。北先生同意。这是初代女士告诉我的。

十月十六日

初代女士去医院探病。可是，太宰拒绝见面。

我去拜访了文艺春秋社的佐佐木茂索先生，告知太宰治住院的消息，就拖稿一事寻求谅解。佐佐木先生爽快同意。

十月二十日

院长做出诊断，保证中毒症状会不断减轻，身体能够恢复如初。北先生和初代女士均来告知此事。

十月二十九日

初代女士带着两封写给太宰的信来访。一封来自新潮社，是想请其为《新潮》的开年刊撰写小说。另外一封来自改造社，希望其为《改造》开年刊撰文。

我建议她拜托院长安排太宰执笔即可。

十月三十日

初代女士拜访北先生，给他看了新潮社和改造社寄来的信，想征求他的意见。北先生完全不赞成我的意见。因此，他请我夫人以太宰妻子的身份给两家社的编辑打电话，告知对方太宰正在住院，想等恢复健康后再撰稿。

新潮社的楢崎勤先生接了电话，答曰："请太宰先生务必保重身体。因是开年刊，还是有些时日的。"改造社的大森直道先生不在，是铃木一意先生接的电话，他表示"还有很多事情要谈，打算去医院探病"。

初代女士非常不擅长接打电话，是一位绝对不会打电话的女性。不过，这是因为她羞于以北国方言示人。因此，电话均由我夫人代劳。

十一月五日

津岛文治先生自青森金木町来京。入住神田的关根屋。我收到了文治先生的通知。

十一月六日

津岛文治先生来访。我碰巧不在，他留言让我九日打电话到关根屋。

十一月八日

津岛文治先生去医院探望太宰，并与他促膝谈心。太宰与文治先生难得一见（附记：大概是七年后首次见面）。就像是见到了过世的父亲，太宰泪如雨下，哭得无法自已。这是从初代女士那里听说的。

十一月九日

我打过电话后，赴关根屋拜访文治先生（附记：这是我们初次见面）。文治先生是一位敦厚宽容的人物，直言一直以来都对弟弟的无法无天束手无策。

北芳四郎先生、泽田医学博士也到场。众人围绕文治先生长久以来的难题一同讨论。北先生主张让太宰回老家，态度强硬。泽田先生基于医院院长和精神病专科医生的诊断主张应安排转院。我则主张太宰应当留在东京。文治先生采纳了泽田先生的提案，决定将太宰先转至其他医院，随后让他终生住在乡下，并非强迫他转行。既如此，太宰也可以继续写作。我也表示赞同。

北先生私下里给我看了船桥町药店的账单。Pavinal 的费用为四百多日元。这仅仅是一个月的量。一支的费用大概要三十钱到五十钱。我心中一片黯然。他怕被房东或外人发现，就挖坑将注射剂瓶埋了起来（附记：药店也确实鲁莽）。

十一月十日

给北先生打电话联系。被告知明日上午十点，在关根屋集合。

十一月十一日

时间更改，下午两点赶赴神田关根屋拜访文治先生，连同北芳四郎、中畑庆吉、初代女士共五人开会讨论太宰出院后的方案。一致决定采用我之前的建议。

去医院探病。他看上去恢复了大半。夜里离开医院。

十一月十二日

初代女士晨间来访，同我夫人一同去找房子。是为了帮太宰寻找住处。

十一点半，跟初代女士一同去医院探望太宰。津岛文治先生也来了。太宰夫妇乘汽车来到位于荻洼的寒舍。鄙人与文治先生一同乘电车返回荻洼，将行李运往照山庄公寓。四时许，众人一同在荻洼站送别文治先生。他今日要从上野站出发返回津轻。太宰夫妇回到公寓。

十一月十三日

太宰跟初代女士一同来访。

太宰似乎对公寓不太满意。因此，初代女士和我夫人一起去寻找出租的房间。我陪太宰下将棋。

十一月十四日

在天沼找到了住处，面积有八张榻榻米大小。

（追记：是位于天沼的荣寿司和卫生医院之间的、某位木匠家的二楼。这家的木工头领夫妇对太宰非常照顾。在上梁仪式等场合，他们会请太宰夫妇上座，极为热情地招待他们。太宰经常会为他们题字。这是初代女士告诉我的。）

十一月十五日

平野屋老板出于好意将太宰夫妇的行李从照山庄公寓送到了租处。太宰将一切托付给了平野屋老板，对自己的行李完全不管不顾。只留平野屋老板一个人忙忙碌碌地将行李搬到二楼。

晚上，太宰和初代女士来访，说是房间大煞风景，想要借点装饰品。将末广铁肠①的挂轴和伊部烧②的花瓶借给了他们做壁龛装饰。跟太宰下了将棋。鄙人胜一局。

（追记：末广铁肠的挂轴是田中贡太郎先生送我的。后来田中先生过世，遗物兜兜转转，最终成了我送给太宰的纪念。伊部烧的花瓶并非仿制品，但也不是什么贵重物件。）

十二月十九日

太宰说人来人往没办法工作。即便只有初代女士在侧也很受干扰。说初代女士的存在已经膨胀到塞满了八张榻榻米大小的房间。他说想去热海专心工作，让我介绍间民宿。我根本不认识经营民宿的朋友。于是就介绍了经营小酒馆的熟人，写信请其帮忙在某个商户住家找间安静的房间。不过，太宰大病初愈，决不能劝他玩乐或饮酒，我补充道。

（追记：热海那家小酒馆的老板是个酒鬼，所以我给老板娘写信，请她绝对不要将太宰引荐给自家先生。）

十二月二十八日

太宰突然来访。说是今天刚从热海回来（附记：入住的是热海市内的商户住家，听说是美川先生以前住过的房间）。我们正在下将棋，园君带着热海的酒馆老板登门造访，想要探寻太宰的行踪。园君突然对太宰高声斥责。原来，太宰将园一个人丢在热海的民宿，早已于数日前返京。鄙人逐渐摸清了状况。园去了太宰暂住的寓所拜访，逗留了数日，才慢慢发现原来自己被一个人丢在了那里。太宰老大一副无言顿首的样子，真不知道是该说他可怜呢，还是什么。

热海的酒馆（"大吉"）的老板是来向太宰追讨拖欠账款的，大概有一百日元上下。太宰自不待言，鄙人也拿不出来。于是便拿了我正月时的和服正装去当铺当得十五日元，初代女士的正月和服正装当得二十日元，一共三十五日元，全部给了热海的酒馆老板。老板说这根本不够。事先拜托（老板娘）不要劝酒也是白忙一场。（老板）肯定是撺掇太宰，带他出去玩乐了。这家酒馆的老板虽然在老板娘面前抬不起头，可一旦出去喝醉了，便难缠得紧。尽管我把太宰引荐给了老板娘，老板肯定还是嗅到了一丝味道。真想让他自生自灭，可又不能弃之不顾。

于是，我跟园一起拜访了佐藤春夫先生。园跟佐藤先生借了三十日元充当他的房费。我也得到了明日可以借钱的许诺。深夜三时许，告辞离开。

十二月二十九日

跟佐藤先生借了五十日元。

（追记：这笔钱是三好达治[①]在大阪的母亲给他的结婚礼金的一部分。适逢年末，是佐藤先生不得已跟三好坦白了事情的经过，辗转借来的钱。）

十二月三十日

跟园一同前往热海，退掉了太宰的房间，偿还了酒馆的欠款。钱还是有点不够。老板满口牢骚。我劝他就此收手，他却一个劲儿地抱怨说："太为难了，太为难了。"于是，我便沉下脸来，语气不善地让他把自己太太叫来，说我有些话要跟她讲。这老爷子态度立马软了下来，说："那只会在我家引起家庭争端，您还是大人有大量，原谅我吧。"

---

① 三好达治（1900—1964），日本诗人、翻译家，著有诗集《测量船》《南窗集》等。

这位老板怂恿太宰叫来很多艺妓，大手大脚花着太宰的钱，而太宰的欠债肯定是这般吃喝玩乐的开销。仔细追问，果然如此。

这位老板先前因为妻子被浅草的戏子横刀夺爱哭着来访，多亏了我朋友和我的劝说，两人才重归于好。在银座后面开店的时候也是多亏了我朋友的照拂才能善始善终。不管怎么说，他多少还是欠着些人情的。我劝他"忍一忍，忍一忍"，这老爷子终于屈服了。我们约定等太宰发迹后定当偿还，便返京了。（以上）

点滴

记得有首诗，诗中有这么几句。

河川之声　亦为水声

波涛之声　亦为水声

潇潇雨声　亦为水声

一切皆为水声……

诗的后续我已不记得，不过，这是一首表达自己怎么也无法
忽略水声的诗。

身处可以闻见水声的场所，我也会不由自主被吸引心神，可

我平时对水声是毫不关心的，从未冒出过专程动身去溪涧聆听水声的念头，也不曾为聆听水滴声而专程赶往清水。可是，在某人的诗中，还有这样一句。

在下，若非要一听这籁籁之音

何苦要在此建这一宇殿堂

为了这滴水之音，竟然会有人特意在这清水附近建了一座寺院。或者，诗中的意思是说，出于这一目的而建的古寺如今也依旧屹立在原地吧。也许，这并非诗人的臆想，而是确有此事。岩间清水的水滴落入崖下水洼。寺院背崖而建。水滴声必然会在寺院的墙壁和门廊间回响，清脆悦耳。真是太奢侈了。

水滴的声音寻常听上去是"滴——答、滴——答"的。如果滴水声"滴滴答答"极为频繁，声音便会出现变化，引起人们的注意。水滴落向水洼的水面，激起小小的水花。水花上扬的瞬间，又有另一水滴落下。于是，搅乱一汪池水，声音也生出了变化。"滴答、滴答、滴答"的水声时不时幻化成"滴答、滴答、叮咚、叮叮咚咚、叮叮咚咚"正是源于此。毫无疑问，在"滴——答、滴——答"的情况下，水洼的水面近乎平静之后，下一滴才会落下，所以声音并没有变化。而水滴声没有变化是好还是坏，那便是因人而异了。

那水滴的声音大概一分钟滴落几滴是最理想的频率呢？我的一位疏散到甲府的朋友似乎认定一分钟四十滴左右是最理想的速度。我则认为一分钟十五滴左右最为理想。即便到现在，我也坚持如此。我并未同我那位朋友聊过此事，而几次三番之后，我跟他在无形间却站到了对立面。

疏散至甲府的那位朋友直至甲府的城镇遭遇战火，一年多来一直住在甲府的乡间。那时，我也被疏散至甲府市外，经常去甲府一家名叫"梅枝"的旅馆吃晚饭。我经常在账房那边吃盒饭套餐，顺便喝点葡萄酒，而我朋友也经常会来喝点葡萄酒。

这家旅馆装修小巧雅致，账房近旁便是洗手间。里面的水龙头有些松动，如果不用大到手指都痛的力气拧紧，水就会流个不停。如果只是稍稍拧紧，水龙头里的水便会"滴——答、滴——答、滴——答"落在洗手盆里。滴水声竟然出人意料地响亮。大概是墙壁或者玻璃拉窗的回声吧。"滴——答、滴——答"的声音带着"叮——"的音尾。即便坐在账房，这声音也听得一清二楚。

我实在无法忽视这声音。若是决意不理会这声音，那就是噪音，可若是侧耳倾听，这便是与岩间清水滴落水面一般的清脆爽利的声音。无论如何，都无法忽略它。我的朋友似乎也爱上了这个声音。可是，他并未将其说出口。他羞于说出口。若仿照他小说中的写法，得意扬扬地到处宣扬这附庸风雅之事实在是格局小、令人汗颜的无聊趣味。

他很胆小，极端惧怕遭人非难。一旦遭到非难，他便会破罐破摔口不择言，连自己都无法控制。对于他人的言行，他总是会按照自己的想法随意解读，脱口而出。记得有一次，我说："你应该喜欢吃独活吧？独活这样食材本身没什么特别的味道，可以根据个人喜好进行调味后食用。""那你平时就觉得我也是如此一人咯？"他笑着含混其词。

我也没有刻意提及水龙头的滴水声。他明明很喜欢这水声却只字未提，我事先做出预判，自己也闭口不谈。不过，我注意到，他每次去洗手间时总会以同样的力度拧紧水龙头，一脸得意地返回座位。而且，我也注意到，他还将洗手盆蓄满水，以便让水龙头里落下的水滴可以产生更大的回响。"滴答、滴答、滴答……"，就跟岩间清水的声音一模一样。我忽然意识到，水声听起来滴得有些快，实在是介意得不得了。可若是被对方察觉实在不甚高明，我便待了一会儿才去洗手间调整了声音的轻重缓急。把"滴答、滴答……"调整成为"滴——答、滴——答、滴——答……"的缓落模式。如此一来，声响也是倍增，和着一声"叮——"的共鸣音。为了能有这种余韵绵长的效果，我可是煞费苦心，拿出了调节收音机旋钮的兴头来拧水龙头。

那之后，过了几日，我在那家旅馆的账房又碰到了他。这次，我先去洗手间将水滴声设定成了"滴——答、滴——答……"。朋友想来也看出我对水声并非毫不关心。他似乎生出了一丝敌对意识。不知为何，我总是有这种感觉。如果二楼的住客去过洗手间后随意关上水龙头，朋友估计会一下子笑出声来。我也很是在意。可是他并没有特意起身去改变声音的缓急。他只是在去洗手间的时候顺便调整成他中意的"滴答、滴答、滴答"的令人难受的声音。这是个多么顽固的男人啊，我马上起身将声音调整成"滴——答、滴——答……"的节奏，这才是我心中认定的水滴固有的声音。

随后，同样的事情在我二人间反复上演。这种对立尚未决出结果便不了了之了。七月上旬，甲府的城镇被付之一炬，我们常去的旅馆也被烧毁。朋友疏散时的住处也烧毁了。遭遇这场战祸后次日，我在甲府的街道上偶然遇到他。我们站着闲聊了几句，然后他便去了县政府的受灾难民接待处，我在烧毁的街角处等他。他很快便出来了，说受灾难民接待处里没有官员、没有勤杂工，一个人都没有。我们一起去了常去的那家旅馆，触目已是烧毁的残址。

战后，他去了东京。从结局上来说，他是为了达成那凄惨的终局才去了东京。他跟女子一起投身上水而亡。

在他离世之地，有两条他的木屐深深嵌入土壤后留下的痕迹，让人不禁联想，他在迎来死亡的时候是不是也生出了活下去的念头。那木屐留下的痕迹即便遇到了连日雨，也足足保持了一个月。

在他死后，我对钓鱼的兴趣与日俱增。我甚至都想过去非法捕捞大马哈鱼。甲州的溪涧是我的垂钓之所。在甲府常去的那家旅馆仿照以前的设计重建开张，账房的装潢也同以前一模一样。当然还新建了别院，可这别院的洗手间里的水龙头也是马马虎虎。从这个水龙头里滴漏出来的水滴根据调节的技术不同，甚至可以发出"叮、叮……"这种跳跃性的声音。并非"滴——答、滴——答……"这种半吊子的声音。再者，这里是别院，没有任何人入住。就算整个晚上都是"叮、叮……"的声音，也没有人会来关掉。

追记：前面引用的"簌簌之音"那首诗咏的并非岩间清水，而是从房檐上滴落的水滴的声音。心情相仿，便在此引用了。

女人心

　　前几日，我跟龟井胜一郎先生见面时，听说了件令人大感意外的事情。与其说是意外，是一种更接近"糟糕!"的感慨。这么说或许更为贴切。

　　我不知道龟井先生是不是也同其他人提起过此事。哪怕没有提过，我也早已同二三友人谈及此事，就算半信半疑，也大概有五六人已然知晓。龟井先生本就非常擅长演讲。说实在的，真是极为擅长，因此，各处的演讲邀约不断。最近他还接到了三鹰署的邀请，演讲结束后同多位署里的警员进行了短暂的交谈。当时，有位刑警讲了这样一件事。一位名为太宰的作家跳河自杀，发现遗体时自己刚好就在现场做验尸官。验尸的结果显示，太宰先生的咽喉处留有被带子或绳子勒过的痕迹。由此认定此为胁迫自杀。不过，为了已逝之人的颜面，并未向社会公开这一结果。

那名刑警好像是说了类似的话。身为警察，这种处理方式也许是有道理的，可当我从龟井先生那里听说此事时，内心却是直喊糟糕。"糟糕"说的并不是警察的处理方式。而是觉得我自己实在是粗心大意，实在"糟糕"。身为太宰的朋友，我如果撞见太宰被他人勒紧喉咙，肯定会介入并做好防御。不用说，在这种情况发生之前，他早就会向朋友寻求帮助以避开某女子。不过，某女子与太宰一同踏上樱上水的堤坝时，也许是怕太宰死里逃生才勒住了他的咽喉。这也无从得知了。太宰非常胆小懦弱。某女子也许对此了解得一清二楚。一直以来有种定论，说在相拥赴死的情况下，总有一方是积极赴死的，太宰二人临终时的样子也算印证了这一点吧。不过，这种定论在事件发生之后也可能会诱发过分夸大事实、歪曲事实的流言。太宰二人的遗体被发现时，太宰口中塞着粗绳的传言也许就是现实的例子吧。

我对某女子几乎完全不了解，对她的各种行为也不能理解。太宰将她的住处用作工作室时，我曾经三次拜访过太宰。最初是为了跟他讨论出版的事情，没有必要跟她说话，所以彼此并未交谈。

第二次时必须得跟某女子交谈片刻。原某杂志编辑部的青年

U 到访太宰的工作室，吞服了大量安眠药，结果陷于濒死状态，口吐白沫。我听说了此事，心知太宰肯定是焦头烂额，便赶去一探究竟。他那里有四五位客人在，未见青年 U 的身影。太宰不再维持单腿坐姿，就那么斜斜地歪着自斟自饮，一看到我立刻怨气满满地说道：

"我从昨晚到现在就没合过眼。真是天大的麻烦！大家都跑来聚集在此，一起来欺负我。我恨井伏先生。"

"这真是无稽之谈啊。你为何恨我？"

"那位 U 先生，跟井伏先生相识吧？我完全不记得跟这位 U 先生有过交集。昨日是他第一次上门，看到我们在饮酒，便偷偷吞下了安眠药。我好恨啊。"

"既如此，道理讲不通吧。如果是我把 U 介绍给你的，那另当别论。可是，单凭我跟 U 认识，就如此迁怒于我，实属无妄之灾。我才是无端麻烦缠身的那个。"

看我真的动了气，他马上说道：

"不不，我就恨了三十分钟。实际上，就一会儿工夫，就恨了三十分钟。之后就没什么了。"

太宰如此信口开河，反而令我更觉尴尬。

"不管是三十分钟，还是三十个小时，性质是一样的。U 来这里，与我本人没有半点关系。"

太宰没有回答，在房间角落温酒的某女子忽然出声道：

"太宰先生早上哇哇大哭，就像个小孩子。邻居们应该都听到他的哭声了。真的是哇哇大哭，定是心里太难过了。"

某女子看上去非常焦躁不安。听说，昨晚受 U 之托买来安眠药的正是这位女子。她将酒壶送到我面前，也顺便替换了其他客人面前的酒壶。这时，某杂志的编辑匆匆忙忙赶来，对某女子说"现在没事了"。U 的病情看来已无大碍，会逐渐恢复。U 已经清醒了两三次，开始说些"想要娶房太太"的玩笑话逗护士们开心，跟护士们撒娇耍赖了。

"太好了。"她看上去一脸安心，"我放心了。这要有个万一，肯定要调查安眠药是哪里来的。警察肯定要询问药品的来源。"

U 在前一晚来的时候，给了某女子钱，拜托她去买安眠药。某女子按照他的要求买回来两盒安眠药，可谁能想到他会一口气把两盒安眠药全部吞下去呢。

我依旧很是介怀，就跟某女子打听了安眠药的名字。是市面上常见的安眠药。报纸上也经常刊登这种药品的广告。这种随处可见的安眠药，即便被问及在哪家药店购入，应该也没必要如此担心。我越发觉得奇怪。难道是从某个无法对人言说的渠道购入的？若非如此，我很想知道她是不是从经常接触的秘密渠道购入的？若是买卖药品的秘密渠道，那肯定也会销售违禁注射药品。

我觉得可以做如此假设。我也断定如此。

我突然开始怀疑，某女子是不是也会为了太宰去购买违禁药品？大约十年前，我也曾因太宰异于常规的注射行为而大费周章。

"想必会担心吧。不过，没关系的。就算警察来调查（也没关系的）。"我若无其事地对某女子说道，"那种安眠药也刊登过报纸广告，在各药店都有销售吧。你不过是受人所托去买了这种随处可见的药品罢了。一次吞下两盒才是乱来呢。"

某女子并未回应。此时，太宰忽然起身去了楼下，似乎是去洗手间。某杂志记者也紧跟着下了楼。某女子马上跟我说起了那位杂志记者：

"太宰先生也是苦于应付那个人。太宰先生下楼，他也跟着下楼。去散步，他也跟着去散步。他就这么贴身跟随，一直对太宰先生絮絮叨叨，让他'快写、快写'，不分青红皂白地逼太宰先生动笔。太宰先生非常痛苦，总是哭着完成那个人的约稿。"

"若是被逼得痛哭，事先就哭着拒绝约稿便是。只要痛哭一场，肯定万事皆休。"

"先生您能不能出面让那个人不要如此纠缠不休？太宰先生真是不胜其扰。他不想写杂文。"

这时，那位杂志记者回来了。虽然自觉是多管闲事，我还是表达了请其莫再勉强太宰写杂文的意思。当然，这真是多管闲事。对方沉默，未做出回应。于是，我重复了一遍，某女子便起身下了楼。片刻之后，太宰踢踢踏踏地上了楼，大笑着坐了下来。然后，他兴高采烈地对沉默不语的杂志记者说道：

"那真是个坏女人。手段太肮脏了。我正在厕所里，她特意打开厕所门跟我通报。说有人正在对你提意见。那女人说是非常高明、非常好的意见。但是，真是太肮脏了，真是个坏女人。"

我想起了十多年前的旧事。那时，太宰来我家，去洗手间时顺便会去家门后的空地。陪同太宰一同来访的初代女士也会跟着出去。当时，太宰大都跟初代女士一同到访。后来，初代女士才坦白，说是为了给麻醉过了药效的太宰送去自己偷偷带着的注射器。我想起了那件事，开始怀疑时隔十年，太宰不会故态复萌吧？可是，我仔细观察了太宰饮酒的样子，打消了自己的疑虑。有注射吗啡恶习的人是不能饮酒的。太宰的确是将酒含在口中，酒液切切实实滑过了他的咽喉。我也亲眼看到了喉结的滑动。难道这全都是演戏，是做给人看的？这一点尚且存疑，而某女子去洗手间说三道四，或许所言内容正好与事实相反。也许，某女子为了测试我的天真，才故意告诉我太宰边哭边写杂文。事后，我读到了她留下的日记，才意识到大致是如此的。在关于当日感想的章节中，她的确觉得我极其浅薄、天真。

我也知道，太宰一直觉得我这位老相识很招人烦。战后的太宰光是看外表，就像是完完全全换了一个人。不光是我，对以前往来密切的老朋友们，他大概也是深感烦恼。不过，我又一次去了太宰的工作室，这是第三次。我俩共同的朋友、太宰自学生时代的旧知青柳瑞穗先生的妻子过世了，我这次到访是去通知他葬礼的时间。楼下的老板娘告知太宰外出。我拜托老板娘替我转告葬礼的时间，便回去了。以前，太宰深受青柳夫妇的悉心照料，知晓太宰的秘密工作室所在的我赶去通知是理所应当的。比起通知他家里，去他的工作室通知此事的确更为迅速。

　　我稍稍提前赶到了青柳夫人的葬礼现场，负责接待的人说太宰刚刚来过，逗留片刻便匆匆离开了。葬礼尚未开始。"真是太像太宰先生的做派了。突然出现，迅速离开，真是太天马行空了。"在接待人员旁边的人如此说道。

　　"不，他看上去很是虚弱啊。"另有人说道，"听说最近出门都要人陪护。今日也是如此，陪同人在站台那边等着呢。"

　　"这是真的吗？"我问道。"真的。看上去真是疲劳至极。"那个人回答道。所谓陪同人，就是某女子。虽说陪着他外出，可即便太宰喝得酩酊大醉，她也绝不说一个字。

　　我打算劝说太宰去外地疗养。在这之前，我也再三写信劝他去外地，可他没有任何回应。那时，太宰的夫人来了我家，我便问起了太宰的情况，她说太宰并未出现异常状况，每天都在努力工作，请我放心。也许太宰对夫人特别关照过不要如实告知吧。我本想直接去找太宰当面谈谈，可我忽然意识到，旁人无论说什么也是无济于事。某女子不会让太宰自由行动。可我从未想过事情会演变成先前所提到的样子。"糟了！"我心想。女人似乎已经将太宰玩弄于股掌之中，真是令人无可奈何。她那种专注的程度也是趋近疯狂。文艺春秋新社的中户川先生也去拜访过太宰，据说某女子对他恶语相向。中户川先生也真是丢脸到家了。他不过是到太宰的工作室拜访、约稿，而某女子却下楼来对中户川先生大吼大叫，让他"赶紧走！快滚！快滚！"他说："我想见见他本人。"可那女子却像疯了一般大喊："绝对不可能！说不可能，就是不可能。滚！滚！还不快滚！"中户川先生最终只能落荒而逃。

中户川先生被骂得狗血淋头时，太宰身在一家名为"千种"的小饭馆的二楼，权当是工作室。"千种"的老板娘告诉我，自来了之后，他就变得像是被什么附身一般。根据她的回忆，年轻朋友留宿的夜里一切如常，可在其他时候，太宰总会在深夜里大声呻吟。通常持续一分钟，大声吼叫呻吟。"千种"的老板夫妇每次都会打开楼梯口的拉门，侧耳倾听。呻吟声突然停止后，剩下的就是阴森森的寂静。

"那真是太吓人了！对吧，真是太恐怖了。"老板娘回头看着店主，说道。

"恩，的确让人感觉不舒服。"沉默寡言的店主答道。那声音听起来不像咽喉被勒住的呻吟声，也不像梦魇时发出的声音。老板娘对某女子说道："昨晚可真是吵闹得够呛啊。"而女人却表现得若无其事，"是吗？跟以前一样啊。""千种"的夫妻俩也觉得刨根问底有些失礼，便也没有继续追问下去。

"没有直接问太宰君吗？"

面对我的疑问，老板娘答道：

"这么失礼的事，怎么可能去问太宰先生啊。而且，先生除了下楼去洗手间，几乎全天都待在二楼闭门不出。"

"他要下楼洗脸的吧，也会去路边摊儿吃东西吧。"

"怎么会让他洗脸？他更不可能去吃路边摊儿了。"

老板娘就像是听到了奇闻怪事般边摇头边对丈夫说道：

"我说，他真是太可怜了。太宰先生真是太隐忍了。"

老板娘的话里话外透着一种"仿佛太宰被幽禁在了二楼"的意思。那发生在太宰跟老板娘谈及在朝日新闻上连载的 *Goodbye* 的构思之后。*Goodbye* 尚未写完便成绝唱，而根据他最初的构思，主人公将会跟熟识的几位女性分手。作品将在他与一直以来的生活 goodbye，重新回归平凡生活的那一刻结束。作品梗概被女人知晓后，太宰便被关在二楼，不得跨出"千种"半步。太宰一提

"要回家一趟"，她马上就会威胁道："我身上一直都带着氰化钾哟。"懦弱的太宰马上就败下阵来。

"太宰先生一定非常想回家吧。先生为什么要在二楼走来走去，我现在终于明白了。"

老板娘泪眼婆娑。

"他为什么不逃走呢？太宰他可是逃跑的一等好手。张开雄鹰的翅膀，如脱兔般撒腿就跑。"

"可是，那女人手上有很可怕的药啊。"

"就没有人跟他交谈吗？老板娘如果跟他说了话，女人会变得情绪暴躁吗？"

"无论如何，这也算是多管闲事了吧。我对那个女人一直都小心翼翼的。"

太宰自己大概也吃不消吧。这若是故事或小说里的桥段，太宰早就直呼"无聊"，把书合上了。女人的那句"我身上一直都带着氰化钾哟"就算只是随口开玩笑，她内心的毒辣也非同一般。无趣之至。那种感觉就像是光脚踩在了可怕的东西上。

起初，我觉得女人对太宰口出恐吓多少有点开玩笑的意思。可是，就算是开玩笑，对于吓破了胆完全当真的太宰来说，这可不是开玩笑那么简单。听着"千种"夫妇的话，我也渐渐懂了。

很久以前，太宰曾说过，自己最鄙视那种善于驯服泼妇的男人。当时，我还对此表示了同感："大概如此吧。毕竟你连人家的神经末端都极为珍惜。"我内心却在想，这位叫太宰的青年保不齐觉得相较于那些善于驯服泼妇的男人，自己更是深谙此道呢。不过，我判断失误了。我高估了他。在泼妇面前，太宰根本大气儿都不敢喘一声。我觉得这是太宰故意的。本来，他就非常擅长助长他人的傲慢。他心中对对方的自命不凡而频频蹙眉，表面上却一味忍耐，颇有些自虐的意味。表面上佯装快乐，内心却如小丑般悲伤。有一次，我指出了太宰的这种癖好，表示"这真是繁琐至极"，他却笑得前仰后合，直呼"皆因身处末世，一切皆为社会的罪过"。那也未必是拙劣的笑话。太宰称其为舍身忘我的"交际"精神，可在我读过的通俗心理学的作品中，这被归类为假性社交人格。有一次，我准备买一些较粗的钓鱼线，在去往钓具商店的路上刚好碰到太宰。我们一起去了钓具商店，并未发现粗细符合我要求的钓鱼线，便去了另外一家。另一家不巧也刚好售罄，我便准备打道回府。这时，太宰向钓具商店的老板请教了钓鱼线的制作方法。首先，门外汉要制作钓鱼线，要先将栗树上的虫撕开放入醋酸，并将其内脏拉长。然后将其穿进马口铁或轻薄铁板上的凿孔中仔细拉拽。

"区区钓鱼线，肯定能做出来的——我们去找栗树中的虫吧。"太宰又开始了他的"交际"活动。

即便找到了栗树上的虫，要抓住跟青虫一般恶心的虫子也让人大伤脑筋。更不用说还要撕裂，将垂下来的内脏拉长，光想想就很令人厌恶。我严词拒绝，可太宰说，三鹰稍往前走一走，有一片栗树林，我们去那里吧。

"我来抓虫。"太宰说道，"首先，以细长的树枝或其他工具做成筷子用来抓虫。携虫返回途中，我们就渐渐习惯这些虫子了。"

"可是，要把虫子撕扯开，我可做不到。"

"不，没关系。请大声对我说，'来吧，太宰，赶紧把虫子撕扯开。你赶紧把虫子撕扯开。'我肯定会拿出赴死的决心来处理虫子。我会闭上眼睛将虫子扯开。"

太宰将自己置身于某种微妙的境地。他这么说，并非笃定自己能够处理虫子。如果我当真与太宰一起去捉虫，模仿太宰的语气，那估计就是"表面上兄友弟恭，内心却恨之入骨"吧。事后他必定是一有事就会想起来唏嘘一番。如今我也会想，如果那时候我"交际"了太宰的"交际"，会是何种景象呢？在三鹰稍远处的栗树林中发现青虫，一条固然不够，那带个十条回去。太宰要动手撕扯开它们。只见他双眉紧蹙，双目紧闭，脸色煞白，呼吸急促。他用那细长的手指将青虫一扯为二。他没有当场昏过去就是万幸了。该处理第二条了，他眼看着要哭出来。想象着他的这副样子，我忆起了被关在"千种"二楼时的太宰的模样。

我根本不知道，太宰生前跟某女子的交往竟是如此令人惆怅。我只是一味地劝他去外地疗养，即便如此，也只不过写去了三两封信罢了。没想到，太宰死后两三个月后，某新闻记者来到我家，说道："听说您曾经因为太宰先生的那个女人狠狠地斥责过他。关于此事，您有什么感想吗？"我深感意外。

听那位新闻记者的意思，某个剧团打算将太宰晚年的故事搬上舞台。戏剧的一幕，便是"我"这个角色找到太宰，威胁他说："你应该在艺术的道路上不断精进。你马上跟那个女人分手。你现立刻马上在我面前发誓会分手！"我自己并不记得曾经跟太宰说过那样的话，一次都没有。正如我几次三番说过的，我知道太宰与那个女人之间令人烦恼的纠葛关系，是在听到太宰离家出走的消息之后了。

"这里面不会有什么误会吧？"我对那位新闻记者说道，"我连他二人之间的关系都不知道。更谈不上给太宰忠告。"

"不，事实很清楚。用于刊登广告的节目单上解释得清清楚楚。您斜倚在墙壁还是什么上，伸长了腿，对太宰先生大加斥责。"

"真是无稽之谈！太可笑了！"

"您的确是冲着太宰先生大谈艺术之道或正义之道。是这样吧？是不是感到有些羞耻？关于此事，反驳也好，随便什么都好，还请您简单说两句。"

我并未看过那场戏。我希望对方就此作罢。新闻记者竟然意外地通情达理，就此放过了我。然后跟我大致介绍了那场戏的梗概。据说，戏中的"我"在戏剧的最高潮一幕也登场了。在那一幕，舞台上可以看到樱花树和堤坝。与堤坝平行的道路不断延伸，感觉是完全重现了樱上水附近的风貌。这时，扮演太宰"夫人"的女演员上场了，脸上满是悲伤地注视着水面。她轻轻拂去了泪水。然后，"我"从另一方向登场，与夫人相互鞠躬行礼。悲伤的两个人默默地分别向左向右走去。

"在那个时候呀，您可听好咯。"新闻记者一脸要笑出来的表情说道，"舞台上的两个人一左一右离去。这时，樱树的树叶纷纷落下——幕布静静地落下。如何？是不是让人很吃不消？"

新闻记者一顿爆笑，笑声里充满了年轻的朝气，可我还是无法释怀。

"真招人烦。"

我气上心头。

"不是吧？真正在意的就只有您一个人哦。"

对方说道。

樱上水，即使现在听到这三个字，我都感觉后背发凉。可这并非因为戏中的"我"曾出现在戏剧中的樱上水一幕，也并非因为这一幕受到了新闻记者的嘲笑。是因为，太宰的尸体曾经漂过这条上水。在太宰滑落的现场，他的遗物，如小剪刀、小碟子、绿色的小瓶子、威士忌的酒瓶等纷纷散落在堤坝附近的矮竹丛中。只在想来是太宰席地而坐的位置，矮竹被踩得东倒西歪，从那一处直到水边，只有屁股大小的宽度的矮竹倒成一片。扎实的地面因连绵的雨水而变软。矮竹就这样紧紧贴在黑色的地面上，两侧还分别残留着一条木屐的齿深嵌地面留下的痕迹。我刚看到这幅景象时，便觉得这木屐留下的印痕大概是太宰在最后的瞬间被激发出的求生欲所留下的痕迹。可这种推断似乎是错误的。遗体被发现时，女人跨坐在太宰身上，双腿紧紧缠着他。在他们滑落水中时，若太宰当时已经咽下最后一口气，女人应该是背对着水流，跨坐在太宰身上，双腿用力向后挪向水流的。木屐的齿会在地面上留下凹痕，大概是因为太宰的腿上叠加了女人的体重。在发现遗体的当日，我撑着伞在"千种"的门口等着灵车的到来，除了太宰的朋友、记者之外，还有很多人也等在那里。站在我身边的，是筑摩书房的年轻编辑石井先生。他站在那里淋着雨，脸色苍白。这位编辑算是太宰的学生。

"你看到遗体了吗？"我将伞移向石井先生，小声问道。

"看到了。"石井先生以十分沉郁的声音答道，"是我将太宰老师的遗体从水里搬上来的。太宰老师的双臂是张开的。"

石井先生面无表情，之后便只字不发。他是在尽量克制不哭出来。我意识到，刚刚闻到的那股奇怪的味道是从石井先生身上散发出来的。我在马来西亚战场闻过太多次这种味道了。

今年夏天，我与原供职于文艺春秋社的石井桃子女士在电车上偶遇。桃子女士正心无旁骛地看着颜真卿拓本。这位被称为美貌与才华并存的女士因为以前身体有点弱，直至今日听说也还是单身。很久以前，太宰在我家偶然与这位桃子女士同坐一席，那之后很长一段时间里，太宰对桃子女士甚是仰慕。我觉得，桃子女士对太宰的心思应该也隐隐有所察觉。这已经是数年前战事正酣时的事情了。那时，桃子女士的家距离我家仅有五六百米。她同自北京来留学的王女士住在一起。桃子女士当时已离职，边从事童话的翻译，边协助王女士做《万叶集》的研究工作。王女士就读于东京大学的文学院，主攻日本的古代文学。

有一次，我去桃子女士家还书，刚好看到桃子女士正在动作麻利地努力推倒庭院中的白桦树。或许是因为物资不足，没有充足的木柴，才要去推倒院中的白桦树，却也着实可惜。树被推倒，这精心布置的庭园也就毁了。这座庭院是之前的主人小里文子女士从老家信州运来白桦等各种树木，并进行了精心布置，令人一看便可回想起信州的山麓一角。山白竹、蒲公英、猪牙花、紫花地丁等都是自信州移植而来，是一座纯天然的庭园。我饶有兴趣地看着桃子女士用力想要推倒白桦树的情景。对方丝毫没有觉察到我的存在，就像在做单杠体操一般挂在树木下方的树枝上用力拉拽。根部的土壤已被稍稍翻松，可她那点力气是不可能把这么粗壮的树木推倒的。"我来帮你吧。"话刚说到一半，王女士回来了，被桃子女士的壮举惊得瞠目结舌。我对王女士小声说道：

"用日语形容的话，这叫作'公主面前，不成体统'。"

"在我的国家，这么说。"

王女士用流利的日语小声回道，从口袋中取出手账本，用钢笔慢慢写给我看。先是写了"煞风景"，又写了"参照杂录"。是焚琴煮鹤的那个"煞风景"。

两三日后，我跟太宰讲述了那时的事情。

"太棒了！两位女子和初夏的意境出来了。"太宰说，"您能不能带我去一次桃子女士家啊？当然，我可没别的意思。"

他脸上露出了狡猾的笑。若是想去，自己一个人随意选一日去便是。二人在我家也见过两三次，彼此已是可以见面寒暄、畅谈小说的关系了。可是，我并未对桃子女士提过太宰的这种想法。

——桃子女士将颜真卿的拓本放在膝头，径自提起了太宰，虽然我并未提及。她主要表达了对太宰的小说的感想。我断定，这位女士肯定是知道太宰的仰慕之心才如此抒发心中感想的。我说："这是个干脆利落、让人心生愉悦的好男人啊。"桃子女士一副深得我意的表情，答道："是啊，真是个好人啊。"我觉得既然如此，说出来也不算失礼，便冷不防地说了出来。

"那时候，太宰对您可是仰慕之至啊。事实如此。"

桃子女士一脸惊讶，眼看着脸红了起来，

"这真是第一次听说。"

就像是在自言自语。

"哦，您不知道吗？那真是太失礼了。"

"是的，完全不知。——可是，如果是我，绝对不会让太宰先生死去的。"

这位才女还是满脸通红。

即便是简单的一句"女人心"，也是因人而异的。

太宰治其人

太宰君非常注重礼仪，尤其是谈论小说的时候，他总是会重新端端正正坐好，这让人印象深刻。他在讲述自己的小说构思时也会重新坐端正，就像是一心一意珍视小说的学生一般。看上去就是个谦虚有礼的青年。可是，他也有相当性急的一面。比如，本来约好下周日傍晚来访，可到了那一日，明明日头尚高，他便已经走过我家门前，来来回回。我透过篱笆看到时会招呼他进来，若是我没有察觉，他就一趟趟地在我家门前来来回回。这实在有点与众不同。这种癖好一直持续了很多年。记得阿佐谷会①

---

① 阿佐谷会，是居住在日本 JR 中央线沿线的文人墨客每月一次的集会。主要与会成员有井伏鳟二、青柳瑞穗、外村繁、木山捷平、（转下页）

时期，有时候明明下午五点才开始，他三点多就走过我家门前，"咳咳"清嗓子来引起我的注意。太宰清嗓子的声音穿透性很强，是那种"吭！吭！"的声音。

昭和六年或七年，太宰提议一起去旅行。不过，我提了个条件。旅行费用各自承担，太宰君的旅行费用不可以用老家寄来的钱，必须要用太宰君写稿赚的稿费。我原本以为，若遵守这个约定，实际动身出去旅行大概要等三四年以后了。可过了不到十日，太宰君便来告诉我拿到了稿费，似乎是给乡下的报纸写了短篇或其他文章赚到的稿费。我不相信，于是，这次旅行便不了了之。

昭和八年春，太宰君搬到了杉并天沼三丁目，次年春又搬至天沼一丁目。说是为了方便去学校，可他根本就没去过学校。直到昭和十年，他都是学校在读身份，可谁又知道他到底在教室里待过几个小时呢？用太宰的话说，毕业考试的口头问答环节，辰野隆先生要考察太宰君的语言能力。他指着在场的三位教授先生说道："你说一下这三位老师的名字。如果能说得出，也不是不能毕业。"太宰君根本不可能答得上来。我听说后大为震惊。"在场的三位老师是法语系的老师吗？"我问道。"肯定是的吧。"他

（接上页）上林晓、太宰治、小田岳夫、河盛好藏等。

简短回答道。

毕业考试刚结束，太宰君便得了盲肠炎。我去探病时，获洼弁天通大道（如今的教会大道）的医生渡边先生做出了需要马上切除的诊断，并介绍我们去阿佐谷的筱原医院。手术结果表明，病情十分严重。我站在医院的走廊里，助理医生用镊子夹起容器中被切下的盲肠，说："已经恶化到这种地步了。不过这位病人真是意识顽强啊。"据说日日饮酒的人，麻药经常会不起作用。"是因为喝酒吗？"我问道。那位年轻医生说："哎呀，真的是意志顽强啊。"被切除的盲肠细长，呈青黑色，荡悠悠地垂在镊子的前端，眼看着要融化掉一般。

太宰君在这家医院住了一个月，其间并发腹膜炎，并由此导致了 Pantopon 中毒。这次中毒让太宰腹膜炎痊愈后也深受其苦。次年十月，在去江古田住院治疗这种症状之前，他一日要注射三次 Pavinal，每次要注射五六支。他本人对我们隐瞒了此事，可最终纸包不住火，我们强行将其送去了江古田的武藏野医院。入院的一个月间，太宰君被完全隔离，绝不允许会见家人和来探病的客人。住院期间的情形只能从 HUMAN · LOST 这部作品中想象一二。铁格子门将外来人员隔绝在外，患者之间却可以自由来往。出院当日，太宰君的长兄和我一起去病房接他，有一位威风堂堂的人来跟我们打招呼。心想这肯定是院长先生，便寒暄道：

"太宰君深受您的照顾，实在感激不尽。"对方却道："恭喜出院。鄙人身处新闻出版界，一直以来都渴望跟太宰老师交好。不论是思想还是政见，均与太宰老师所见略同。"于是，我们意识到这位是精神错乱的住院患者。事后询问太宰君得知，这位患者一边对着我们胡言乱语，一边偷偷地递给了太宰一封密信。由于与外界隔离，他无法寄信出去，所以才将密信交给太宰君，拜托他代为寄出。大概是求助信吧。据说这位过度热衷于议员选举活动才发了狂。

根据"太宰治年谱"的记载，"出院当晚便执笔写下了《二十世纪旗手》和 *HUMAN · LOST*。"出院当晚，他住在荻洼的白山神社后面的光明院里的住处，当时还有同居人在。第三日便拜托平野屋酒店的老板帮忙搬运行李，搬到了荻洼卫生医院附近的碧云庄。这是一位木工头领经营的房舍，这位头领竟然对太宰君十分和气。在元旦或上梁仪式等场合，架子工和木匠齐聚一堂，大摆宴席，会一并请太宰君上座。他们非常了解太宰君的性情——"先生，请您赐字！"——请太宰挥毫。听那人说，太宰兴致高昂便会写个三五张，令同居人担心不已。

太宰君醉后极爱挥毫。我因此也曾遇到过匪夷所思的事情。他因战争疏散至甲府时，我也刚好被疏散至甲府市外。有一次，甲府的人带我跟太宰君一起去了郊外的河鱼料理屋。这是一家突兀地建在路边的店。等大家几杯酒下肚，太宰君对服务的女服务员说："我要写字，拿纸笔来。最好是大张的纸。还有色纸。"过了一会儿，女服务员拿来了几张宣纸和色纸，还拿来了两三支新笔。"墨呢？拿墨来。"太宰君说。又过了一会儿，女服务员拿来了全新的墨和脏脏的砚台。太宰君写下了很多短歌和俳句，不断催促我落笔，大家还进行了共同创作。我们一直喝酒到深夜，等到要离开时一看账单，发现笔钱、墨钱、纸钱、色纸钱全都计算在内。"真是让人无言以对啊。"陪同的人说道。"这就是所谓的出乎意料。不过，这个留给你们。"太宰看上去心情没有受到一丝影响，将我们的字全都留给了女服务员。他这么做是为了不让身边的人觉得尴尬。他是不会做那种借着酒意撕碎字画的事情的。

太宰君是个非常留心不让人蒙羞的人。有一次，在伊马君的陪同下，我跟太宰君一同去了四万温泉。我在民宿的后院发现了很多山白竹的竹笋，并挖了不少。当时，我根本不晓得箬竹和山白竹的竹笋的区别，就跟太宰君说，"这竹笋是在津轻吃的竹笋吧"，并请他帮我一同挖竹笋。太宰君慢吞吞地帮了我。我将那些竹笋带回了家，用处理箬竹竹笋的手法——配着醋味噌吃掉了。这已经是十几年前的事情了。不过，大前年的六月，我在青森的浅虫温泉遇到了太宰君的长兄。话题刚好聊到了食物，我提到山白竹的竹笋真是太美味了。太宰君的长兄说："不，那不是山白竹，是箬竹。""不，是山白竹吧。"我说。"是箬竹。"他回道。看来是我搞错了，我吃的应该是箬竹的竹笋。怪不得熟知箬竹的太宰君会在四万温泉那么慢吞吞地帮我挖取山白竹的竹笋。他并没有说"山白竹并非可食用的竹笋"，而是懒懒加入了挖竹笋的行列。他这个人如此操心，想必我的粗心大意让他极其费神吧。

有一阵子，我迷上了将棋，太宰君一来，我便马上拿出棋盘。太宰君每逢胜负形势不妙，便如否定将棋这一事物一般，根本不斟酌下法，连落子的手势都非常草率。可是，一旦我落子出错，对方局势好转，他马上端正坐好，棋也下得气势汹汹。获胜后便"哈、哈"放声大笑。大概也不是不情不愿地交往吧。

太宰与料亭"泽泻屋"

事情发生在前年的初夏时节。津轻的蟹田町为太宰君立了碑，要举行立碑仪式。那天下过一场猛烈的雷阵雨。我出席了仪式，返程时去看了青森的七夕灯节，并在镇上的小馆先生的陪同下去了料亭"泽泻屋"。太宰君在弘前高中读三年级时，每逢星期六都会住在这家餐馆。小馆先生是太宰君的姐姐（已过世）的丈夫。

"那时候，太宰每星期都会来，并招来当时还是雏妓的初代。那时候便在此工作的女服务员如今尚有一人。当时，大概是十五六岁。我把她叫过来？"

小馆先生说着便叫来了年近中年的女服务员。看上去是位性情温和的女士，恰逢七夕灯节，她穿着高雅的鸣海扎染布做成的衣服。她操着一口津轻方言，我有半数以上听不懂。小馆先生便充当了我的翻译。

当时，太宰就像《金色夜叉》中的间贯一一样，来时披着吊钟式斗篷。暑假将至，他也还是披着那样的斗篷。不过，来了之后，他便让女服务员拿出寄存在店里的结城绸质地的和服和角带，换好后穿上白色的短布袜。随后，招来义太夫（净琉璃）的女师父学习技艺，临近结束之时，尚是雏妓的初代女士便婷婷而来。

"每次都是这个顺序，重复着同样的事情，如提前设定好一般。等待义太夫的师父到来的时间里，他会给这位女服务员看电影杂志，谈论一些有关电影的话题。"

小馆先生将女服务员的津轻方言如此这般翻译了出来。

"修治先生是个好人哦，真的。"

女服务员说道。

那时候，太宰君好像有个年纪比自己小的玩伴，名叫葛西。二人关系亲密，彼此无所不谈。太宰君从弘前高中毕业到了东京之后，给这位朋友写信下达了绝密指令。即，第一，与初代女士所在的置屋① 的人搞好关系，保证自己可以自由出入；第二，将

———————

① 置屋，管理一些艺妓、娼妓等，以根据要求向茶馆、料亭等派遣服务为主业的店铺。

初代女士衣柜里的衣服少量多次地带出，在衣柜底部塞上报纸充当减少的部分，掩人耳目。将带出来的衣物交给"泽泻屋"的小女服务员。衣物全部转移出来之后，初代女士应即刻赶往东京。置屋的人恐怕会立刻察觉，会给东京各处发电报，命人在上野站等着初代自投罗网。因此，初代要在上野站的前一站——赤羽站下车。届时，太宰会去赤羽站迎接初代。

当然，初代女士也正有此意，于是，葛西顺利实施了指令的计划。当衣柜中只剩下一套衣物，其余皆为报纸时，初代女士便动身离开青森，在赤羽站与来迎接的太宰顺利会师。而且，当日正赶上国势调查，为了避开被工作人员盘查，太宰带着初代女士乘出租车在东京的街头游走，过了零点才抵达位于五反田的住处。

我并未询问初代女士的衣物后续如何，不过后来经过诸多曲折，太宰与初代女士终于喜结连理，大概也都被原封不动地送至东京了吧。

太宰君非常注重外表，可在占有欲方面却甚是恬淡。与初代女士洒泪分别时，上至身内之物，下至家中什物，他都通通给了初代女士。那些东西暂时保存在我家的储藏室，后来，初代女士大都处理掉了，唯有太宰君的火盆和初代女士的筝至今留在我家中。

有一次，小馆先生曾与我提起那把筝：

"那把筝，是我夫人送给初代女士的新婚贺礼。那本来是我夫人从太宰的老家嫁过来时带来的筝。"

话音中饱含着万千感慨。

前年，我在青森同初代女士的母亲提及此事，她满脸寂寞地说道："您就权当是初代的遗物，随意使用吧。我家已经没有人会弹筝了。"可是，我家也没人会弹。这把筝在我家也是暴殄天物了。

筝之记

我家中无一人会弹奏筝、三味线。可是，自昭和十二年初夏至去年十二月下旬，我家有一把山田流的筝，装在红色的琴囊里。还附带一只装有筝义甲的泡桐小盒。

这把筝是太宰治君的前妻（初代女士）与太宰君分开之后，连同各种家财什物一并寄存在我家的。当时，初代女士正同青森县浅虫的娘家商量投靠，在我家住了大概一个多月。毕竟被对方提出离婚事出有因，初代女士很担心娘家会拒绝她来投靠，我们旁观也明显看得出她已是走投无路。我还曾见过，她同我夫人并肩坐在客厅的外廊上，潸然泪下。

太宰君向初代女士提出离婚时，把家财什物全都给了初代女士。理由是，连这些承载了有关初代的不快回忆的物件也不想多看一眼。那太宰自己怎么样呢？他只带了自己的寝具、桌子、台灯和洗漱用品搬到了我家附近的公寓，可谓是净身出户了。

太宰君是个极为注重衣着打扮的人，可他的衣物全都送进了当铺。初代女士的衣服也几乎全被当掉了。因此，初代女士离婚之后，生怕自己的和服流散在外，便将一部分家财什物卖给了二手旧货商，以筹措当铺的利息。

初代女士暂住我家的那段期间，太宰君也时不时来我家下将棋。每逢此时，初代女士就会躲进客厅或厨房，可我那书斋兼卧室的房间与厨房也不过是一墙之隔。我家的建筑面积比较小，要从客厅去洗手间必须得经过连通我房间的走廊。所以，初代女士就算想去洗手间也不得不强行忍耐。因此，我总是会一局定胜负，然后约太宰一同出门。出门后若要一同小酌，我便会瞅着太宰兴致高昂时问他"想不想跟初代女士重归于好"。此时，太宰便会坐直身体，严肃又干脆地回道："唯独此事，恕难从命。"这种事大概有过两三次。于是，他也开始惴惴不安，生怕已分手的妻子万一闹起脾气可如何是好。

后来，初代女士要去投靠娘家，把寝具被褥和赎回的衣裳一并办理了托运，自我家动身之时，将火盆和米柜留给了我夫人权当纪念。接着，她说我家中那六七岁的女孩总归会有学筝的一日，便把装在红色琴囊里的筝也一并留了下来。

火盆和米柜在我家多少也派上了用场，可那把筝却一直被搁置在储藏室里。米柜能盛放二斗米，看着像是特制品，外观看上去非常高级，像是涂了什么涂料，或是上了一层透明漆。奢侈，却给人以美的享受。我很中意这个米柜，所以战时要被疏散至甲府时，也将其作为疏散行李随身携带。火盆和筝留在了储藏室里。

初代女士在我们战时转移的半年前，突然造访我家，说是刚从中国的青岛回来。我夫妻二人大吃一惊。那时，初代女士在我家住了大概一星期便回了浅虫的娘家。一个月后，她再次来到我家，说是又准备去青岛。我跟夫人一起劝她莫要再胡闹，她犹豫着要不要就此叫停，便在我家住了一个多星期认真考虑此事。无论我们说什么，她总是一副郁郁不乐的样子，没有一点干劲。终于，初代女士还是去了青岛。大概是有万不得已要去做的事情吧。我们因战争被疏散至甲府后不久，便接到了住在浅虫的她母亲的联络，说是初代女士在青岛亡故了。

我们　家在甲府遭遇空袭付之一炬的第二日，白日下部站乘车转移去了广岛县我的老家。我们在这里住了两年半后重返东京。竖着放置在储藏室中的筝没有遭到一丁点儿的鼠害。红色的琴囊也完好无损，琴弦一根也未被咬断。

那之后的第三年，我去十和田湖时顺便去了浅虫，拜访了初代女士的娘家。因为我接到了通知，说要为故人举行法事，如果我来青森的话，请我务必来一趟。我一直以为是初代女士的法事，等我上到二楼房间才意外地发现，在摆满了贡品的佛龛上挂着的大幅照片竟然是太宰治的肖像照片。

"原来如此，原来是这样啊。"

我在上香前暗暗思忖。

"不过，若是如此，为何初代女士的法事不一起举行呢？"

上过香后，视线转向旁边，看到了初代女士的照片。而且，照片被装进了相框，放在房间角落的橱柜上，尽可能远的、不为人察觉地放在角落。也许这是她母亲的心意吧，希望让照片中的初代女士能够悄悄地参加太宰的法事，陪陪他。与人亲近、又多少有点客气，初代女士的母亲跟她真是一模一样啊。

回到座位上，为了减轻感伤，我跟她母亲说道。

"太宰生前经常把'亲近'这个词儿说成'轻近'。从他学生时代开始便是如此啊。"

"我不太记得了，是这样吗？"

"是啊，我不知道他战后如何，不过直到我们被疏散到甲府，他一直都是这么说的。轻近，初代真是喜欢跟人轻近。他是这么说的。"

即便如此，在我们将筝归还之前，初代女士若能活着该多好啊。我提到那把筝尚还寄存在家里。于是，她母亲声音嘶哑地说道：

"我家已经没有人会弹筝了。您就随意使用吧。权当是初代的遗物。"

收到筝可喜可贺，可是我家也没人会弹。一旦确定收下，那就成了占地方的闲置物品，自然也就盼着能有人收下善用。后来，我再赴青森，跟太宰过世的姐姐的丈夫聊起此事（这位先生的名字是保先生），保先生如此说道：

"那把筝是我夫人从太宰的老家嫁过来时的嫁妆。当时还是全新的，后来初代跟太宰结婚时，我们送给了他们。现在已经变得古色古香了吧？"

保先生比我要年长四五岁，应该是在大约四十年前结的婚。若是那时新做的筝，应该是太宰的老家盛极一时的时候定制的物件。绝对是一把音质极好的筝。我决定，即便是要将这把筝送人，也绝不可随意行事。

后来，我就渐渐忘记了这把筝的存在。去年十二月二十八日晚上，古川太郎先生为了太宰君的短篇《盲人独笑》的素材及其他要事造访寒舍。《盲人独笑》是根据江户末期的古筝名人、葛原勾当的日志写成，而这位勾当先生正好是我家乡邻村人士，是童谣作家葛原滋先生的祖父。古川先生与葛原滋先生认识，同太宰君也是相交甚笃，因这层关系，我也结识了古川先生。他还是生田流筝的大家，会作曲，还是唱片公司的专属艺人。我跟他聊到古筝名人勾当先生时，想起了初代女士的那把筝。

我马上拿出了那把筝，解释了筝的由来，拜托古川先生品鉴一下筝的音色。如果古川先生认可它的音色，我打算请古川先生收下它。我虽对音乐一无所知，可我知道，在当今这些古筝大家中，这把筝若是能被古川先生收下，那是最合适不过的了。不论是筝、还是人，都跟太宰君有着深深的不解之缘。

古川先生先是查看了筝义甲，说道："这义甲确是生田流，可筝却是山田流。"我心中一惊，这可不是个好兆头啊。接着，他将弦放上筝柱，说道：

"放置弦的部位、即岳山为象牙材质，底部又如这般由紫檀制成，比全部由象牙制成的要昂贵许多。将这弦钉拧松弹奏，会发出这样的声音。"

古川先生将岳山的弦钉拧松，用手指轻轻拨了两三下琴弦。流淌的声音让人不禁联想起瞽女①弹奏的三味线之音。我一时不知是该赞扬还是贬斥，可毕竟价格昂贵，东西总不至于是次品。

----

① 日本室町时代之后，在乡村之间弹奏三味线说唱的盲眼女艺人。

筝柱拨正后，古川先生边调音边道：

"弦旧了。大概是四十年、四十五年前的弦了吧。刚好古旧到这个程度，琴音会生出一丝韵味。房间大小也刚刚好。音色不错。"

那就好，我想。

古川先生背对壁龛，面向筝坐着。我留意到壁龛里没有挂轴，便让坐在房间一隅的夫人去找一副现成的挂轴挂上。夫人拿来了全新裱装的一副挂了上去。这是前年三好达治留下的两行墨宝。

太郎沉睡，太郎的屋顶堆满积雪
次郎沉睡，次郎的屋顶堆满积雪

三好达治

古川先生稍稍看了一眼壁龛，在筝前坐正，突然开始大声咏唱："太郎沉睡……"同时，筝的伴奏声徐徐响起。没有前奏，突然跟咏唱声配合地天衣无缝的琴音。琴音悠沅，令人心生感慨。

"……太郎的屋顶，堆满积雪"

此时，咏唱声暂停，迫切的琴音营造出了大雪纷纷而降的气氛。

接着，"次郎的屋顶，堆满积雪"，大雪还在一个劲儿地下。感觉雪大概已经积了有五寸之厚。

古川先生难道在很久之前便已为这首诗谱曲，并已经反复演奏过多次？可是，我夫人挂出三好君的墨宝也不过是个偶然。

我让夫人沏茶来，请古川先生休息一下。这时，讲谈社的川岛君造访，便将他介绍给了古川先生。

古川先生饮过茶，又走到筝的旁边，这次弹奏了我翻译的诗，"劝君金屈卮，满酌不须辞……"川岛君话里话外透着想要再听一曲的意思，

"不，这可不行。你这个请求，我觉得必须得收回，否则会非常失礼哦。这种请求，就跟我要求你，比如说给我看看你正在校对的稿子一样。"

我别有用心地如此说道。

"的确如此。是的，确实如此。"

川岛君也点头附和。

于是，古川先生稍微调整了一下琴弦，开始弹奏古曲《千鸟之曲》。我的家人、来拜访我夫人的客人都悄悄来到旁边的房间偷听。一曲终了，我拜托古川先生收下这把筝。夫人也跟我一起拜托他。古川先生不置可否，说道：

"我给这把筝调一下音，有风时，你们可以将它立在窗边。与松涛不同，它会微微发出非常美妙的声音。"

说完，他便避开翻来覆去的争论，干脆利落地拿走了筝。筝刚好能够放在车里。

后来，在入睡之前，我翻阅了大百科事典，才知道，不佩戴义甲，用手指弹奏称为"雏筝"。

"刚才的那句'堆满积雪'，就像是真的堆满了积雪一样。清晨醒来，雪还在下，鼻腔中全是雪的味道。就是那种感觉。"

我说道。

"三好先生不晓得知不知道这支曲子啊？"

夫人应道。

后记：初代女士留下的火盆后来送给了浦和的田代继男先生。

太宰治与文治先生

　　今年春天，太宰君的长兄、身在津轻的津岛文治先生辞世了。

　　文治先生在战前是二百町步① 的大地主，自结婚以来，只吃自家夫人亲手烹制的、或者自己亲手烹饪的菜品。他是个性格执拗的人。晚年在议员官邸时，经常用速食食品或面包配红茶，最终因营养失调而去世。身为参议院议员，他担任要职，过于忙碌的生活或许也加速了身体状况的恶化。

　　此次，恰逢《津岛文治先生追悼作品集》出版，追忆往昔，

① 1 町步 =1 平方町 = 9920 平方米。

也是感慨万千。

我与文治先生初次见面，是在太宰君从江古田的武藏野医院出院的前日。地点是神田的一家名叫"关根屋"的旅馆的一室，津轻五所川原的中畑庆吉先生、东京品川的北芳四郎先生作为见证人分立文治先生左右。《新日本文学全集》的年谱中写道，太宰君从武藏野医院出院是在昭和十一年十一月十二日。这已是三十七年前的事了。

那时，文治先生说"对弟弟的无法无天束手无策"，看上去一脸疲惫。我一时不知该如何劝解他，凝神看着文治先生的脸，我意识到："这张脸，在学生时代好像经常会看到啊。"我还在早稻田读书时，我们文学部的固定教室是后门旁边的第二十四号教室，隔壁是商学部学生的固定教室。一到休息时间，文学部的学生和商学部的学生就会摩肩接踵地从走廊涌出去，而我经常会在走廊里看到商学部的一个学生，长相令人印象深刻。他的五官端正，穿着一身天蓝色的、带有明媚之感的制服。

当时，学生大多会穿深蓝色的制服，或和服配裤裙，可两百人中有一人，或三百人中有一人会穿天蓝色的制服。毕竟是走在流行前沿的亮色，十分打眼。而且，这个商学部的学生肤色白皙，两颊如苹果般红润，一看便知，这大概是东北地区的地主家的少爷。

我反应过来，当年的这个学生就是津轻的津岛文治先生。文治先生自己也确认，以前是商学部的学生，后门旁边的教室是自己的大本营，也曾经穿过天蓝色的制服。后来，我才知道，那身制服是在品川开洋装店的北芳四郎先生缝制的。再后来，我还了解到，文治先生从学校毕业后也坚决只穿北先生的洋装店缝制的西装。就连西装的喜好，也是极其固执。不光是文治先生的身型尺寸，就连他的情绪，北先生也是一清二楚。

在"关根屋"的会谈可谓是迂回曲折。文治先生主张让太宰君出院后在津轻照看食用羊牧场，而津岛家的大总管北先生和中畑先生却坚持应该让太宰君去湘南地区的内科专科医院静养。会议气氛非常紧张。文治先生提出，为了让内弟过上健康的生活，必须得让他窝在津轻，亲近田园。我则建议应该让太宰君继续留在东京写小说，也拜托文治先生今后也要不间断地寄送生活费。结果，会议就这么稀里糊涂地结束了。

次日，我去了武藏野医院，在铺有榻榻米的和式病房里见证了太宰君与文治先生的会面。这两兄弟之间由于某些原因关系变得令人唏嘘，可毕竟多年未见，太宰君说感觉就像见到了已过世的父亲，不禁落下泪来。突然落泪，又突然止息。正在这时，有位穿着仙台平袴、像是院长的先生走了进来，文治先生自我介绍并行礼道："我是津岛修治的哥哥。舍弟深受您的照顾，实在感激不尽。"这位看似是院长的先生却说道："鄙人一直以来都渴望跟太宰老师交好。之前我身处新闻出版界，也是十分赞同太宰老师的各种见解。"于是，我们才觉察到，这位并非院长，而是同太宰君住在同一栋病号楼的精神病患者。文治先生就像突然下定了决心一般坐直身体，简洁明了地表示太宰君也可以留在东京写小说，"这样的话，每月会寄七十日元"。太宰君当即表示要"九十日元"。文治先生回道："那就九十日元。不过，若是全额寄给你，你必定会马上全部散尽，所以每月分三次汇款。而且，收款人不是你。我会让中畑把钱寄给井伏先生，由井伏先生代为转交。"

我不禁感叹，果然是位通透的人物。不过，文治先生提出"七十日元"时，能不假思索要求"九十日元"，太宰治那充满巧思的讨价还价也让人不禁咋舌。当时，文学青年每个月只需要三十日元就能过上很舒适的生活。

自那以来，津轻的中畑先生每月分三次将给太宰君的汇票寄到我家，太宰君每次到时间来我家取。雷打不动的每月一日、十日和二十日，津轻的汇票从未有一日迟到，而太宰君也从未错过一日。我夫人负责汇票的交接，太宰在旅途中时，夫人会采取电汇的方式寄到太宰下榻的旅馆。

　　津轻的汇款一直在继续。太宰君跻身新晋作家，在三鹰安家后，汇款也未停止。于是，太宰君的夫人开始背着婴儿来我家取汇票，后来便牵着幼儿的手前来。明明没有必要再寄钱，也没有必要再收钱，可汇款依旧在继续。严守约定若是超过限度便是固执，我开始变得疑神疑鬼。我不愿以这种心情充当转交人，于是，在中畑先生来我家时，便拜托他接下来直接给太宰君汇款，拒绝了转交汇款的任务。

　　太宰君过世后，听他的未亡人说，汇款一直持续到太宰君因战争被疏散到甲府、复又被疏散至津轻才停止。太宰君陆续发表了《富岳百景》《东京八景》《奔跑吧，梅洛斯》《越级申诉》《竹青》《御伽草纸》等广受好评的作品，早已是知名作家，而固执、正直的文治先生大概是觉得即便是两兄弟，约定就是约定，必须遵守吧。

　　据太宰夫人回忆，战争结束，正要动身从津轻回东京时，文治先生突然无声地递给了太宰君九十日元。那时，一张稿纸的稿费也不止这些了。

　　"那太宰君是怎么处理这笔钱的？"我问道。

　　"笑嘻嘻地还给了他哥哥。"答道。

这对耿直兄弟想必在心里一起为此事划下了终止符吧。

扯句题外话，在武藏野医院身穿仙台平袴现身的狂人在我眼皮底下将一封密信交给了太宰君。由于被监禁、与外界无法通信，他才拜托出院的太宰君代为投递，可谓是狂人的精妙技艺。

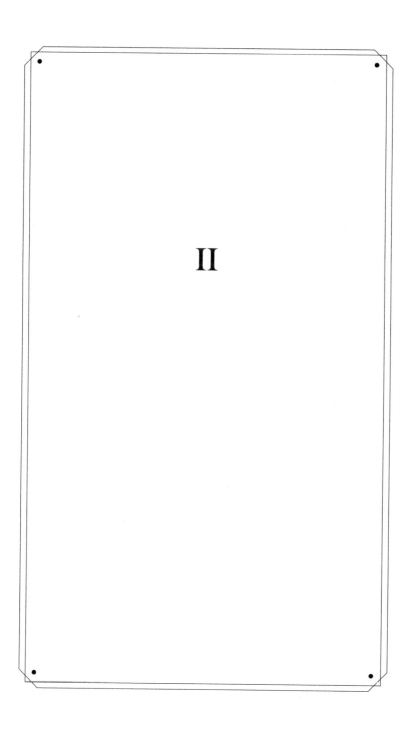

II

II

那时的太宰君

太宰君住在船桥时写给我的长信中有下面几段话，真实反映了作为小说家尚未获得世间认可时的太宰君的心情。

——我，为了在这人世间，不，在这四五好友之间活得轰轰烈烈，总是装作一副坏事做尽的样子，而果真就自食恶果，遭到了残酷的报应。因为不曾吃过的——兽。

——想到五年、十年后，甚至死后，我从未故意说过一句谎话。

——堂吉诃德。哪怕被人踩在脚下，就算遭受拳打脚踢，他依旧坚信，那只稍显瘦弱的"青鸟"就在世界的某个角落，怎么也无法舍弃已满是伤痕的理想。

——想写小说，想得坐立不安，可就是没人来约稿。这真是令人难以置信的现实。《将计就计》等小说的约稿，真可谓"久旱逢甘霖"（注——这是为朝日新闻撰写的随笔）。有好几次，我写好了送过去也是白跑一趟，稿子被拒收。

——我一个人，深深以为，获得他人的认可是一生的大事。今晚，心有千千结，我只是默默地（中略）躺着。

——昨夜，我在赴京途中，家中进了小偷。只是偷走了一瓶葡萄酒，而且，这瓶葡萄酒后来又被物归原主，只剩了半瓶。今日，我注视着泥泞的足迹，感到十分亲切。（中略）

——请一定相信我。

——不想在自杀后给人留下"若是如此，他之前怎么就不跟我说说呢？"的遗憾，为了那些轻声耳语。我这段时间的一字一句，全是出于此意。（后略）

如今，还有一封那时候的信。

（前略）不知道能不能治好（注——病）若是"治不好"，那便是"死亡"的同义词。我并非珍视生命，只是觉得，毕竟我是个优秀的作家啊。活到了今年（注——昭和十一年）十一月，也算是超常发挥了。我今早也仔仔细细盯着我的手看了好久。（中略）我，要去死。如若不在大庭广众之下切腹，人们绝不会相信我的诚实。（中略）没人要跟我一起玩耍。没有像样的人际交往。人人以为我是准狂人。活到二十八岁，我身上有过什么好事发生吗？了然尼（这个名字并不正确），将烙铁烙向自己的脸庞，变得如梅干般皱皱巴巴，才得到了世间的原谅。了然尼师的罪孽——不过是——美貌。（中略）我自己这么说或许有些奇怪，可"我打小就是个过分优秀的孩子。一切不幸皆源于此。"（中略）我的"作品"，或"行动"都是故意选取了令人羞耻的、愚蠢的一面。为了一举闯进不写小说便无可奈何的境地。

上面是太宰君因注射麻醉剂而日渐衰弱，每日为了购买麻醉剂而四处筹措资金期间写来的信，字字句句皆是因走投无路而吐露的真情实感。虽然言语直截了当，对比太宰君平日的人品行为，也丝毫未有一丝不自然之感。我希望能够将这当作他对自我日常品性的剖析。

我不知道太宰君年少时的事，可小馆保先生说他初期的作品《回忆》如实地记录了一切。小馆先生自孩童时期便几乎与太宰君生活在一起。我与太宰君初识是在昭和五年或六年，正值初夏，那会儿太宰君刚进大学。他写信给我，威胁说"不跟我见面就自杀"，并到我们的"作品社"的事务所拜访我。他从怀中取出两篇短篇让我马上阅读。我读后发现，这篇同我跟中村正常合著、在杂志《妇人沙龙》上连载的"比索子·游马吉"系列读物异曲同工。我提醒道："你努力的方向不对啊。如果打算写小说，决不能读那些无趣的作品。必须认真研读古典。"问他是否擅长外语，答曰完全不行。于是，我便推荐他去阅读普希金的翻译作品。还建议他研读汉诗和普鲁斯特。当时，我正在读《叶甫盖尼·奥涅金》，尚未读到三分之一便放弃了。而且，我也打算读读汉诗和普鲁斯特，可汉诗读了两三页、普鲁斯特也只读了五六页便束之高阁。我是将自己打算阅读却未能付诸行动的作品推荐给了他人。本当事人最终也没有好好读过普鲁斯特和普希金，而太宰君却在读过《叶甫盖尼·奥涅金》之后被深深吸引，再三翻阅后开始动笔创作《回忆》。同时，他还以每月两到三篇的节奏写着短篇。

他住在三光町时开始创作《回忆》，搬到天沼时完成定稿。他在天沼的家离我家很近，所以太宰君经常来我家下将棋。我也经常去他家下棋。可是，太宰君并不怎么喜欢将棋。喜欢的唯有写小说。像是被小说附身一般。不论何时去找他，他总是要么在研读小说，要么在创作小说。将棋不过是为了配合我。不过，棋力却突飞猛进。起初，就算是让角①，我也赢得轻而易举。而太宰君从大学毕业的时候，我们已经打成平手，我还时不时会输棋。更有甚者，太宰君在大学待了六年，可由于他几乎没去过教室，在毕业考试的口头问答环节被问及任课老师的姓名，他也无言以对。这是听太宰君的主任教授辰野先生说的。

---

① 角，即日本将棋中的棋子"角行"。让角，即在将棋比赛中，棋力高的一方以无"角行"的让子来对决。

Das Gemeine 前后

Das Gemeine 是太宰君刚做完盲肠手术便创作的作品。除此之外,这一时期可能还有其他作品,总之,这是他退学以来经历了种种事件、内心充满不安的那段时期创作的早期作品。太宰君在校期间也几乎不怎么去学校,所以即便退学,在旁人看来生活上也没有什么变化,不过他曾有一段时期因药物中毒而深受其苦。

说是药物中毒,我其实并不了解他在创作 Das Gemeine 时,症状究竟有多严重。去医院做完盲肠手术,因为药物注射的副作用而引发了中毒症状。北芳四郎先生给我看了某医院的收费单指出,Pantopon 的注射次数多到异常,"无论如何都无法理解。为何要注射得如此频繁？"不过，这已是后来太宰君的 Pavinal 中毒症状恶化，北先生来我家商量无论如何都要让太宰去江古田医院住院时的事了。北先生是太宰君老家的长兄的好友，担任津岛家在东京的大总管之职，同时又身负监督太宰君的责任。事关太宰君，有必要把一切理清，他想着要去抱怨一番，便去了某医院询问真相。院方向北先生辩解道，太宰君一直嚷着手术伤口很痛，最后还大声斥责他们是庸医，要求他们注射镇痛剂，院方只是顺从了他的要求。可是，我也无法理解，便询问了陪同太宰君一并住院的初代女士。她告诉我，津岛他大声咒骂庸医确有此事，声音甚至传到了隔壁病房，让她担心不已。不论如何，收费单上记录的 Pantopon 的注射次数实在多到令人瞠目结舌。

盲肠手术后，太宰君大概在那家医院住了一个多月吧，也可能是二十来天，我记不清了。手术后，他连续多日谢绝探视。出院后，说是要努力恢复健康，又住进了位于世田谷的经堂医院。后来听初代女士回忆，这时候已经因注射 pantopon 产生的副作用而中毒，住院一方面也是为了接受治疗。在这家经堂医院，太宰君写下了 *Das Gemeine*。我在杂志上看到小说发表，很好奇他为何取了一个德语的标题，心想这可真是个奇特又时髦的标题啊。于是，我问太宰君："结集出版的时候，要换标题的吧？""不，我绝无此意。"他竟是出人意料地坚决。即便我追问他德语的正确释义是什么，他也只是苦笑。刚好当时伊马春部君也在场，太宰君过世后，伊马君回忆道："那时谈到 *Das Gemeine*，太宰真是莫名其妙的顽固啊。问他什么意思，他也闭口不谈。"前些年，我去了津轻，才第一次知道用津轻的方言也能讲得通。在津轻方言中，"en·daske·meine"是"所以行不通"或"所以讨厌啊"的意思。即便如此，太宰君为何不解释清楚呢？那时候看到的"苦笑"说不定是另一种意义上的"笑"吧。北先生似乎也不清楚这个标题跟津轻方言有着千丝万缕的联系。

近年，我只在樱桃忌的时候才与北先生见面，而每次相逢都会明显感觉到他在迅速老去。对方对我大概也是如此感觉吧。今年的樱桃忌时，北先生一副寂寞的神情坐在廊下。《晚年》刚出版时，北先生为了太宰君东奔西走很是卖力，精神十分饱满。在作品《归去来》《故乡》中，北先生的形象栩栩如生，而在太宰君看来，大概只是想巧妙地尽情描绘出他的侧面像吧。平时，太宰君与人交往时，即便有些许勉强，也会开朗、圆滑地待人接物，哪怕心中大石压顶，也会强忍着决不示人。这股郁愤终于以 *Das Gemeine* 的形式发泄了出来。《人间失格》等作品更是郁愤至极的表现。不管怎么说，这都是当事人在内心极其不安时创作的作品。

御坂岭上的日夜

　　这《太宰治全集》第三卷，主要收录了太宰君离开甲府，刚搬至东京三鹰市时创作的作品。若想窥探太宰君那时的日常心情，我觉得可以参考《东京八景》。在我这旁人看来，他看上去跃跃欲试，一心想要留下具有独创性的作品。

　　《东京八景》和初期的《回忆》可以说是太宰君的自传性作品双璧。我并不认识《回忆》中所描述的那个时代的太宰君，可据太宰君年幼时的朋友小馆保先生所说："太宰将孩童时代的往事原封不动地诉诸笔端。你完全可以把那当作实际发生过的事情。"

　　《东京八景》也是如此。在我所知晓的范围内，除去一些小小的加工，他也真实再现了当时的情景。翻开这部作品，太宰君来东京后大约十年间的经历一览无余。根本不需要翻看年谱或解说。太宰君每逢某些缘由思绪一新时，便会创作出足以代替自己的年谱或解说的力作。以前，太宰君的亲哥哥津岛文治先生谈及太宰君的这类作品，曾说过："过于专注写自己的事情，会中邪的。决不能放松警惕。"

创作《回忆》，直至完成《东京八景》，已是数年光阴。在这段时间里，太宰君又创作了相关作品《虚构的彷徨》和《富岳百景》。每一部作品都是对现实生活的真实写照，不过，在《富岳百景》中有一处描写，我特别希望能够进行修订。这一处是关于我在三岭山顶的雾气中，一脸愁容放屁的描写。我的确同太宰君一同登上了三岭山，却不记得放过屁。后来，太宰君来我家时，我对此进行了抗议，可他听后大笑，"不，您的确放了屁。"他还故意用了敬语，想让这件事听起来更加真实，"那时，您放了两个屁。"他那卓越的表现力于此可窥一二，极力避免让人感到乏味、善于交际的个性也非常鲜明，可我身为当事人，了解事情的真相，便绝不会上当。我断念道："不过，既然已经发表，那也没办法了。""不，那时候您放了三个屁。山顶小屋里的老爹都扑哧笑出了声。"他又一次展现了其卓越的表现力。还真是会举一反三。

可是，山顶小屋的老爹当时已年逾八十。三岭山上有三处山顶小屋，一提到"胡子老爹的山顶小屋"，但凡登山者，大抵都知道。三间小屋中最靠里的小屋的老爹刚好是我们当时在御坂岭入住的天下茶屋的老板娘的爷爷。所以，胡子老爹一看到太宰君身上穿的棉袍，便问道："是住在御坂岭的茶屋的先生吗？"并端出了茶水。老爹的老伴儿取下了挂在墙上的富士山的照片，将其竖靠在崖边的岩石边。这时，我放了个屁——太宰君写道。可是，胡子老爹已经八十多岁，耳朵早就听不见了。根本不可能扑哧笑出声来。

当时，我记了一篇日记，题为《山上日记》，可后来丢失了，便只能记起大致的梗概。如今，结合我跟我夫人的回忆，那时我夫妇二人住在御坂岭的茶屋里。随后，朝鲜的钓鱼爱好者杣友先生上山入住隔壁房间，紧接着太宰君结束了东京的租房寄宿生活也来到山上，住进了边儿上的房间。杣友先生有一次下将棋，起身离开时不慎从楼梯上滚落，尾椎骨受伤，需要卧床静养。我提议太宰君去欣赏烟霭云霞权当疗养，并带他去山下一处捡栗子——虽说还不到捡栗子的时候，那里仅有一家名为"塔之木"的小屋。太宰君对这山川草木似乎并没有丝毫兴趣，无精打采地跟在我身后。正如《富岳百景》中对我的描写，看上去满脸无聊。茶屋的老爹（当时身体还很硬朗）采来了大量菌子，可太宰君甚至连菌子的名字都没兴趣打听。御坂岭上盛产各种菌子，有香菇、花菇、栗蘑、灰树花菌、沙晶兰、蟹味菇、獐子菌等。沙晶兰无论从大小还是形状上都跟足球一模一样，颜色纯白，生长着白色的绒毛，垂挂在枫树粗壮的枝丫上。太宰君即便看到如此珍奇的菌子也不发一言，只是萧然站在那里。从江古田医院出院后的东京生活看来让太宰君感到无比疲惫。是我办手续将太宰君送入了江古田的精神病院并担任他的身份保证人，他在入院期间大概是恨我的吧。出院后又接连发生了《东京八景》和其他作品中描述过的事件。就算逃到山里，无精打采也是可以理解的。他忽然像变了个人似的写信说"要成为一个强者、成为一个孤高的人"，大概是因为时不时下山去甲府的镇上，当时的未婚妻给了他勇气和力量吧。我想不到其他的理由了。

关于《懒惰的歌留多》

太宰君的《东京八景》中有这样一段。

我整夜整夜睡不着。喝着廉价的酒。痰多。也许是生病了，可我根本无暇顾及。我想尽早将那个纸袋中的作品集整理完。也许这是我任性天真的想法，可我希望留给大家，权当是我的道歉。这是我唯一能做到的事了。这年晚秋，我总算写完了。二十几篇中精选出了十四篇，剩余的就跟未写完的残稿一起烧掉了。稿子大概能装满一个行李箱。我将其拿到院子里，烧了个干干净净。

这篇文章中提到的"那个纸袋",是装有习作或类似日记风格的原稿的大型牛皮纸袋。太宰君称之为"仓库"。连同学生时代数年间的存稿,积攒的作品可谓数量可观。他一时冲动将这些搬到院子里烧掉,应该是在写完收录在《晚年》中的《传奇》之后。他在《东京八景》中写道:"这年春天,我搬到了一丁目的市场后面。(中略)这年晚秋,我总算写完了。"田中英光编纂的太宰治年谱显示,"昭和九年,二十六岁。春,与飞岛氏一同搬至天沼一丁目。(中略)夏,赴伊豆三岛,完成《传奇》。"两处并无冲突。

太宰君写完《传奇》之后,将"仓库"中的存稿拿到院子里烧毁丢弃。可是,在划燃火柴时,不知他是否会突然心生几分留恋又挑选出了三四篇习作呢?日后,连同新放入"仓库"中的小品文一起结集而成的作品会不会就是《懒惰的歌留多》呢?太宰君住在荻洼那间名为"镰泷"的出租屋时,我问起他最近写了什么小说,他曾回答说在写伊吕波歌留多。而且,像是有些难言之隐一般,说是在写一篇按照伊吕波歌的顺序拟定标题的小品文。近来,我比对阅读了《懒惰的歌留多》和《传奇》,《と这个世界真就是地狱》《ぬ沼泽狐火》等想必就是老早被放进"仓库"的作品吧。《に越被憎恨越会强大》大概是决定创作《伊吕波歌留多》后写的小品。《ち畜生的悲哀》应该是在甲府有了新家后写下的作品。我跟太宰君一同登甲府城遗址时,太宰君突然感慨道："所谓城郭，都是沦为废墟之后才美妙绝伦。"他并不是写完之后灵机一动口出此言。不论如何，《懒惰的歌留多》大概是他在镰泷时创作的作品与后来在甲府成立新家庭后创作的作品合集吧。我的这个推论尚存有进一步讨论的余地。不过，我觉得大致便如此了。

由此看来，太宰君对自己的文字非常珍惜。即使得不到他人的认可，他也是在信中写道"也算是超常发挥了。我今早也仔仔细细盯着我的手看了好久"的作家。只要动笔写，就不会敷衍了事。这是气魄的问题。我在前一期的夹页月报中也谈到了此事。

《懒惰的歌留多》算不上太宰君的代表作，但他对形式极其敏感的特点却在每个章节中都有所展现。他在《に越被憎恨越会强大》一章中写道："当然，我（中略）十成十地掌握了现有的小说的写作方法。眼下，在这篇小说中也随处可见我这种狡猾的借用。"另外，在这一章中，他还写道："果然，三十一岁，就只有三十一岁的烦恼。"这部分大概是将镰泷时期写的文章于两年后在甲府进行了重写。这一章开头部分的箴言，应该没人会对甲府时期的太宰君这么说，跟镰泷时期表面上毫无二致，而且，他将自我否定的心绪借第三人之口说出，下笔更是如有神助。相比太宰君所谓的"随处可见的狡猾的借用"，是一种更能激发写作状态的方法。

闲谈

　　在这份收在全集第四卷的夹页月报中，伊马春部君写道："用现如今的话讲，这就是太宰的裸照。在同《葛原勾当日记》一并送来的他的明信片上，他写道自己在家里像是着了火般到处乱跳。"读至此，我想起一件事。那时，伊马君在二手书店发现《葛原勾当日记》，想着是不是可以用作写作素材，便借给了太宰君。而太宰君以此为参考创作了《盲人独笑》。

　　伊马君在二手书店发现《勾当日记》时，想必对盲眼的葛原勾当这位操琴名人竟然留下了多达七百页的日记而大为惊叹。他在二手书店买下此书，带来我家，略显兴奋地问是不是能够以此为素材写部小说。不过，我很久之前便熟知葛原勾当的事迹。这是我老家邻村的人。我老家的宅子里也有一本《勾当日记》。葛原勾当的孙子葛原滋先生家至今与我老家还是远亲，勾当晚年时的弟子、盲眼的老妇人在我还是小学生的时候曾在我家住过一段时日，教授我姐姐弹筝。因此，以葛原勾当的事迹为素材写作稍有些不妥当，我便婉拒了。于是，伊马君觉得素材难得，想建议太宰试试，便给了太宰君。

太宰君很快便以此为素材创作了《盲人独笑》，并在杂志上发表。这部作品在当时并没有什么反响，可知晓作品以自己的爷爷为原型的葛原滋先生大为欣喜，马上给太宰君递上了郑重的感谢信，并向太宰君约稿刊登在自己担任顾问的杂志上。自不待言，那时候一心只有写作的太宰君马上写好了有四五张稿纸篇幅的作品送了过去。标题和内容我都不记得了。终究是被收录在全集中的某一卷中了吧。

太宰君写完《盲人独笑》之后依旧对葛原勾当其人有着浓厚的兴趣。勾当虽然眼盲，却留下了多年来的日记。其实这里有一个催人泪下、令人怜惜却又稍稍有点幽默诙谐的机关。原来，葛原勾当将"伊吕波歌"三十一个字以及"日月"等常用文字逐一雕成木版，并按照既定顺序进行排列，使用时摸索着找到需要的字块逐字进行印制书写。如此看来，这算得上极其原始的行型活字式的印刷术。虽然不了解是谁发明了这种盲人记述方式，可在旁观者眼中，的的确确催人泪下，却又透着点诙谐。且不说太宰君，我在孩童时代听到这个故事也是兴趣盎然。

太宰君就葛原勾当的轶事对我好一阵刨根问底，我也无言以对，只能让他去翻阅日记，自行想象他的日常生活。天保①年间仅二十几岁的勾当的经历，乡下的人根本不可能知道。教授我姐姐操琴的盲眼老妇人说年幼时曾住在葛原家，跟勾当学习操琴。那位老妇人称呼勾当为"勾当先生"。勾当先生对练习要求十分严格，她曾被狠狠训斥过。实在太可怕了，她便逃出来藏在泥地房间的织机下面。勾当先生拿着戒尺敲敲织机，让她出来练习。这就是眼盲的老勾当和盲眼的幼徒。

前几年，我被战争疏散至乡下，与朋友一同去钓鱼。返回山上的村庄途中，我们到了一处陌生人家，请求他们允许我们在廊下坐着歇歇脚。这户人家准备了薄茶，我们连忙道谢。这时，拉门后传来了极其衰老的妇人的声音："请问，您是井伏先生吗？""正是在下。"我很是惊诧。"听声音我就知道是您。"她说道，并为自己年老卧床不能打开拉门相见而感到抱歉。正是那位在我孩童时期，在我家暂住过的教筝的老人。盲人的耳力之敏锐令我很是惊叹。那时，我听说了勾当先生用戒尺敲织机的轶事。

① 天保，日本仁孝天皇在位时的年号，时段为 1830—1844 年。

战争初期的岁月

昭和十六年十一月，我收到了陆军的征兵通知书。当时，被强制征用的人几乎都被安排做了车床工。于是，我也深信自己会被如此安排，便去了命令要求到场的指定地点——本乡区政府，刚好看到武田麟太郎 ① 在我前面进了门。走进等候室，看到了太宰君，心想："陆军可真是千挑细选，征用了这么一位资格可疑的车床工啊。"从日常行为来看，武田君也不太可能做个勤勉的工人。太宰君健康状况堪忧，对手工没有自信，平时就一直嚷着自己的手跟熊掌一般笨拙。

---

① 武田麟太郎（1904—1946），日本小说家，著有小说《暴力》《银座八丁》等。

然而，征用并不是让我们去做车床工，而且为了带我们去南方。通告上说，要去往南方的瘴疠之地，身有残疾或身患痼疾之人要事先汇报。于是，为数众多的人提出了申告。太宰君也提出了申告。其中，大多数人都被诊断为拥有为国工作的体力，可军医刚将听诊器放到太宰君的胸口，便马上诊断说："这绝对不行。"太宰君想必对自身的痼疾生出了复杂的情绪吧。可我却从未像那时一般羡慕过太宰君的痼疾。

我被征用为马来派遣军的随军人员，在新加坡一直逗留到昭和十七年十二月。因此，在这应征入伍的一年间，我对太宰君的情况一无所知。只是，在军用邮路畅通后偶尔寄来的太宰君的信件中可以隐约察觉到事情的发生。

日期已经不记得了。在搬至坂町一处名为 Lloyd Lord 的宿舍后不久，我便在战地第一次收到了太宰君的信。这封信中写满了他遇到一个名为田中英光的新人时的喜悦。说他虽然还未在文坛大展拳脚，可自己的的确确发现了全新的小说家。信中写道，这部小说名为《奥林匹斯之果》，请《文学界》的轮值编辑河上彻太郎品读过，也得到了编辑同人林房雄的赞同，一致决定刊登在下一期的《文学界》上，请我务必细读，告知读后的感想。

那段时间，运输船的航行一切正常。《文学界》也是期期不落地准确送达。我记得曾经读过《奥林匹斯之果》，却不记得到底给太宰君写去了什么样的感想。

果不其然，那时候，太宰君在寄来的信中写道："我希望自己能保持孤高，可身处这样的时代实在太难了。"我在军中日记中写下了"太宰君写信来说想要保持孤高"，并发表在了日本的杂志或其他什么媒体上。后来，太宰君发来了抗议："的确说过希望保持孤高，可这种话被公之于众实在大感困扰。这真是太难为情了。会让人觉得这个男人怎么会如此做作。"他虽然没有指名道姓抱怨我的写法过于不管不顾，可细品之下可能就是这个意思。

当时，太宰君逃过了战时征用，大概内心里也觉得有些愧疚。感觉像是在刻意减弱自己的存在感，我们从东京站动身时也没有等到他现身。毕竟是出身大富之家，估计性格里总会时不时觉得有所愧疚吧。

如果那时候太宰君应征入伍，成为派遣军的随军人员会如何呢？也许，世上将不会有《惜别》《维庸之妻》和《铿铿锵锵》了吧。

甲府日夜

我被疏散到甲府市外时，太宰君也刚好被疏散到甲府，因此，相较而言，我们见面的机会比较多。而且，就像事先约好一般，每次见面都是在酒场。当时，烟酒物资不足，而且我们都是疏散过来的，没有筹措的门路。幸好，甲府城城址的城壕边有家名叫"梅枝"的旅馆，去那里可以有所收获。那家旅馆的女服务员十分能干，自儿时起做了几十年的服务员，到处都很吃得开，我们一到，她就会从不知什么地方买来白葡萄酒，稍有些甜口，却是上等的白葡萄酒。

当时，在这家旅馆的大厅里，住着来自东京目黑小学的疏散学童。二楼住着被疏散至此地的数名报社记者。楼下的房间住着这间旅社的家人和女服务员，仅有一两间客房空着。于是，并不驻店的我们就在账房喝了起来。

女服务员还帮我们找到了获取烟草的门路。这间旅社的老板娘出生于甲府市外盛产樱桃的村庄。多年来，她一直收集住客留下的烟头，用来替代给樱桃树干消毒的药品。她收集了满满两大草袋，存放在储藏室里。我们每次去喝白葡萄酒时，女服务员就会从储藏室的草袋中装满满一瓢烟头给我们。战前的那些住客都很奢侈，有些金嘴香烟只抽了几口便丢掉了，还有些"飞艇"（airship）牌香烟也是抽不到一半便被丢掉了。我们将烟头塞进长烟管里抽。我告诉太宰君，将烟头塞进烟管抽烟的方法俗称"豪杰抽"。不过，我也不确定到底为何叫"豪杰抽"。记得哪本书里曾有记载，说是明治时代的街头恶棍便是如此形容这种抽法的。我记得书上好像就是这样写的。尤其是这个记忆也非常怪，隐约觉得大概就是这样吧，大概就是叫"豪杰抽"，便这么脱口而出。自此，太宰君便开始在那间旅社的账房跟女服务员说要"豪杰抽"。

太宰君吸烟很凶，可他很爱干净，只选择抽"飞艇"和金嘴香烟中比较长的烟头。我也是老烟枪，不过丝毫不会介意少许的不洁，就算是烟嘴很短的烟头也会塞进长烟管中享用。

在这间旅社的账房里，除了我跟太宰君，还有一位战争疏散人员基于同样的目的经常露面。那是名小说家，叫野泽。野泽君也是烟酒均沾，加入了"豪杰抽"的行列。慢慢地，在甲府的街道遭遇空袭之前，储藏室的整整两大草袋被一扫而空了。

遭遇空袭次日，我赶往甲府警察署申请受灾证明书，打算申告二次疏散。在烧焦了的电线杆旁，我偶遇太宰君。太宰君的家完全烧毁，已无处可去。他说在县政府的入口处看到了张贴有"接待受灾者，全力保证米粮供应"的贴纸，便打算过来看看。于是，我决定等太宰君聊完出来。终于，太宰君从县政府走了出来，说："一个工作人员都没有。所谓接待问询的工作人员所在的房间，倒是挺宽敞的，可一个人都没有。空荡荡的。"不过，他丝毫未流露出走投无路的神情，说"一个人都不在太不可思议了"，哧哧笑了起来。

甲府的街角被付之一炬的数日前，中岛健藏① 跟伴君他们一起来了甲府，我便介绍他们住进了梅枝旅馆。太宰君和野泽君也到场举办了一场小型宴会，可不知为何，太宰君突然开始对中岛君发难。夜已经很深了。太宰君满脸不高兴地起身离席，半小时后，他回来了，小腿上鲜血直流。野泽君马上为他处理伤口，让他躺下。后来听野泽君说，太宰君好像从城墙遗址上摔了下来。

---

① 中岛健藏（1903—1979），日本社会活动家，文学评论家，著有评论集《怀疑与象征》《现代文艺论》等。

为什么要在深夜攀爬城墙呢？后来听旅馆的老板娘说，当时她将太宰君送到了城壕的桥边，太宰君说自己很孤独，便过了桥。这句话有不同的理解方式，若是平日里的太宰君，这便是一桩让人忍俊不禁的小插曲。向学生时代的恩师中岛君发难，确也是千载难逢。我至今都觉得，唯独那一晚，确实非常奇怪。

杂记

　　战时疏散至津轻时的太宰君，我只能通过往来信件或作品进行想象，所思所想根本不应被归为资料一类。可是，我能想象到，因为太宰君时隔十年、还是二十年重回自己的出生之地，即便略觉拘束，战后也终能安闲地进行创作。

　　太宰君那段时期寄来的信中如此写道：

　　——今日，我缠上绑腿，一副要去除草的样子动身去了菜园。其实，我只是拔了两三根草，装出干农活的样子而已。我觉得自己轻易骗过了大家，没想到，谁都没有留意看我，白费力气。不过，今天，从现在开始，我应该可以心情爽快地执笔创作了。

此外，还有这么一封信：

——邻村有个担任什么委员的长者，谈及此次日本的战败，很是认真地说道："日本太伟大了。居然达成了无条件投降！"

另外，他也曾写道：

——五所川原的中畑先生从来不会忘记给我寄威士忌。他口口声声说让遭遇战争疏散的太宰先生没酒喝，这绝对是我中畑的耻辱，便拿来了根本不怎么美味的威士忌。想来也不值多少钱。当地的苹果酒应有尽有，可若是饮用此酒便会被人视为卑贱下等。当今处处酒水不足，想来广岛地区也不能畅饮吧。因此，真想请您来共饮威士忌。我会在衣柜里藏上几瓶好酒恭候大驾。

读了此信，我不禁在想，太宰还真是毫无慈悲之心啊。我当然想品尝上等的威士忌，却不可能专程从广岛赶去青森。战争才刚刚结束，乘坐汽车也是相当费劲。我感觉，太宰在老家的生活估计是极尽悠闲的。

说句题外话，鉴于长篇小说《津轻》中提到的中村贞次郎君和官署的斡旋和安排，津轻蟹田町的观澜山上近期将会为太宰君立起一座碑。中村君告知我说，碑石宽一点八米，高二点八米，侧面略薄，是一块自然石料。这块石头出自津轻半岛上一个名为平馆村大字宇田的部落。颜色黑中带小部分蓝，硬度很高，没有风化的危险。不论是颜色还是形状、质地，均与山梨县御坂岭上的太宰君的碑相似。碑文选用了《正义与微笑》中的一句，请了佐藤春夫先生挥毫。碑石背后雕刻的文章也出自佐藤先生之手。

观澜山是一座海岸近前的小高岗。中村君说，背靠大海，这般大小的碑石甚好。大概在七八月份竣工。

太宰君的工作室

战后，我与太宰君几乎断了来往。我至今还记得，回到东京之后我只跟太宰君见过三次。

当时，太宰君对我这个旧相识甚是厌烦。大致就是如此吧。结果，我自己也会尽量避开太宰君。一般来说，性子懦弱的人若是有了新的恋人，或者在女人身上吃了苦头，都会有种想要避开旧识友人的倾向。可是，当时的我并不知晓太宰君正因为女人吃苦头。只是觉得，他不知为何对我敬而远之。

以前，在我遭遇战时疏散之前，太宰君曾问过我："我可以谈恋爱吗？"神情稍显正式。不过，我并没有所谓"恋爱即是恶"的偏见，回道："这种事不是你自己说了算嘛。""那我就放

心了。"他应道。我知道，这位恋爱对象是住在我家附近的原某

出版社编辑某某才女。后来，太宰君过世，我跟那位才女坦白了

太宰君的想法，她就像开玩笑一般，说："如果是我，绝对不会

让太宰先生死去的。"

人与人的聚散离合会结出不可思议的果。善良男人与善良女

人的结合有时也会因彼此的善良而迎来悲伤的结局。就太宰君来

说，也许引领太宰君走上不归路的女人心地善良，可每当我们追

忆往昔，总会为这可悲可叹的结果而扼腕。我们在此假设那位女

性是个善良之人，那她在那种氛围下会不会只是被牵着鼻子走

呢？说是固执己见，当事人怕是不赞成吧。或者说，顺势而为？

青山二郎作词的都都逸①中有这么一句："突然之间，粗鄙变圆

滑，来来去去，去去来来，突然之间，圆滑变粗鄙。"可是，若

是用这首青山二郎做的歌去试着诠释这位夺走太宰生命的女性，

我心里也着实火气直冒。

太宰君第一次将那位女性介绍给我的时候，说："这间屋子

是这位女子租的。我借做了工作室。"这是战后与太宰久别重逢

时的事情。当时在场的有古田晁②和筑摩书房的石井君，明明只

是请我们去他的工作室，太宰君却搞得极为烦琐，大费周章。首

---

① 三味线弹唱的一种形式，流行于江户时代的天保、嘉永年间。
② 古田晁（1906—1973），日本大型出版社筑摩书房的创始人。

先，石井君来到我家说："请您今日务必去见一见太宰先生。地点是三鹰某处。"带我去了三鹰一家名为"若松屋"的流动摊位。此时，"若松屋"的老板说："我已经恭候多时了。今日，太宰先生可谓是干劲十足。我会认真为您带路。还请稍候。"话毕，他便骑上自行车赶往了某处。在我们等了四五十分钟后，他带我们去了附近联排房屋的二楼。太宰君就在那个房间里，一个身形瘦小的女子在墙边的榻榻米上放了张案板，正在切蔬菜还是什么。看这房间的摆设和她用刀的手法，我猜测这位女子应该离过婚。

不久，"若松屋"的老板带来了古田晁，随后又带来了臼井吉见①。太宰君为何要采取如此麻烦的方式，理由不得而知。"若松屋"的老板自称是"一心太助"②，骑着自行车来来往往，着实勤快。太宰君竟然能让商人如此甘心情愿为之卖力，我感到非常意外。百思不得其解间，我们开始喝啤酒，谈完正事后又是喝啤酒喝到酩酊大醉。

所谓正事，是筑摩书房准备出版我的选集，为此而召开的编辑碰头会。我在席间才意识到，在我回到东京之前，太宰君便已

---

① 臼井吉见（1905—1987），日本文艺评论家，小说家，著有《战后》《近代文学论争》等。担任杂志《展望》总编时，刊载了太宰治的《维庸之妻》、井伏鳟二的《遥拜队长》等作品。
② 日本小说、戏曲中的人物，经营鱼店，重情重义，是个典型的江户人形象。

经为我同古田晁交涉，商定要出版我的作品选集九卷本。为了迟迟无法动身返京、不得不待在乡下的我，太宰君可真是煞费苦心。这是太宰君的一片好意。可是，为何要采取那么滑稽、又那么烦琐的拜访方式呢？我还是想不通。对桩桩件件都费尽心思，是为了要彰显幽默吗？我也不知所以。

御坂岭的碑

甲州的御坂岭上立了一块太宰君的碑。前天进行了揭幕仪式，我也在场。

地点是山梨县南都留郡河口村御坂岭上、天下茶屋前方的山脊，距离公路很近。太宰君在《富岳百景》中对此处的景色这样描写道：

御坂岭、海拔一千三百米。（中略）此处看到的富士山，据说自古以来便被推选为三景之一，可我并不喜欢。何止不喜，甚至还有些轻蔑。实在是过于程式化的富士。富士山位于正中，其下方的河口湖白茫茫寒颤颤地伸展开来，（中略）我看了一眼便

觉狼狈，满脸羞红。（后略）

太宰君是个倾尽全力绝不做概念化描述的人，他就这样如实写下心中所感，我们也没什么好说的。只是，面对御坂的富士满心狼狈的人，真亏他能在直面津轻富士时毫不脸红呢。

那么，在这片令太宰君狼狈不已的土地上立起了太宰君的碑，通读过《富岳百景》的人对此会不会接受呢？这块碑是甲府市的报社社长野口二郎先生呼吁山梨县居民联合打造的。

碑上刻的是《富岳百景》中的话："月见草很适合富士"。

碑石选用安山岩的天然石材，宽约六尺三寸，高五尺八寸。这块石头开采自升仙峡入口、坐落于荒川左岸的一处名为片山的采石场。基石也出自此处。

担此刻字之责的，是甲府市元三日町的望月德太郎老先生。他为人颇有古风，据说野口先生曾主张将石匠的名字刻在碑上，他却表示加名字会破坏整块碑的格调。碑文很快便刻好了，完美至极。文字是将原稿上的钢笔字拍照放大得来的，反而生出了一丝柔美之感。

太宰君自昭和十三年的秋季至十一月，在那家茶屋静养了足足八十九日。可是，我在揭幕仪式上致开幕辞时，面对熙熙攘攘的人群，却说道："太宰君自大正十六年的秋季至冬季，曾住在此处的茶屋里……"后有人向我指出，我直至仪式结束还在耿耿于怀。

这一日，富士山躲在了云层之中。我们在甲府住了一晚，次日便翻过了御坂岭赶往富士吉田。途中，为了观摩碑石，我们再次在茶屋逗留。老板娘说："昨天人可真多啊。我昨晚也是睡得特别沉。"我问："出席人员大概有多少人啊。"答道："大概四百多人吧。我连夜准备了二百五十人份的荞麦面，却还有半数的人没有吃到。"荞麦面是山麓的河口村民用来招待出席人员的。

石碑的基石湿漉漉的，似乎是有哪位年轻女子赶来在此洒下了于茶屋中买的茶水和威士忌。实在太浪费了。"其他也还有人来敬酒呢。"老板娘说道。我问："那酒怎么回事？"答曰："被什么人给喝了。瓶子都空了。"

下山之后，我们在河口湖畔吃了饭，顺势乘坐机动船来到了湖上，不一会儿，天晴了，富士山就在眼前。"呀！可以看到石碑。"不知谁喊了一句。的确能看得到。在富士山对面的山上，接近山顶的位置便是那一处豆粒般大小的灰色石碑。看上去时有时无，大概也不会碍了当地人的眼。随着船的航行，石碑时隐时现。

蟹田的碑

　　青森县蟹田町的观澜山上立起了太宰君的纪念碑，揭幕仪式已于八月六日举行。石碑的制式跟甲州御坂岭上那块太宰君的碑相似，却比御坂岭上的石碑稍大些，据说重量有一千二百贯①。听说石材是从蟹田的海中寻得的。石碑背面到处附着着如豆其般的细小贝壳，石材本身看上去也像在渴求湿气。不过，毕竟是黑灰色的沉积岩，本身并没有干巴巴的感觉。

　　石碑正面刻着佐藤先生的题字：

　　他

――――――

① 1 贯 =3.75 千克。

最喜欢

让人欢喜！

比什么都喜欢！

选自正义与微笑

佐藤春夫

石碑的背面刻着下面的话：

我等为彰显太宰治那不朽之文采

同中村贞次郎等乡里友人共谋立碑之事

后齐聚一堂共商

得彰显其文雅人品之句

指定在下献丑书出

伊生前屡屡敲响吾家大门

一生因缘匪浅

又感怀于乡党之友情

难辞留此拙作信笔

昭和丙申孟夏

佐藤春夫

一四一

观澜山坐落在蟹田町边缘，是一座高约三四百尺 ① 的小山丘。一面朝海，登高望远，可观海对面下北半岛的连山。这是座有三座山陵，带着一丝要塞的孤高之色的山丘。在往昔的战国时期，它必定会是一座山城。三座山陵中，一座建有无线电的中继站，一座建有佛堂，堂前的广场四周排列着面容可爱的石地藏菩萨。基石上，以近江国的寺院为起点，刻着西国三十三所寺院的名字以及供奉石地藏菩萨之人的住所姓名。所谓西国三十三所，是关东地区的人上京（京都）途中参拜的寺庙，所以蟹田自古便有上京巡礼的风俗。

太宰君的石碑位于三陵中最东边的突出一角。石碑背面便是悬崖，视野极好。面向石碑，右侧可以俯瞰城市全景，左侧隔着大海可远眺下北半岛的连绵群山。风吹过，石碑斜前方不甚粗壮的松树竟也意外地起了正儿八经的松涛声。若是生前的太宰君，必会为此情此景羞红了脸。

山上大抵平坦，沿着茂密草丛中的小路行至草原，便可来到石碑近前。明明是八月上旬，草丛中却处处可见长残了的蕨菜。揭幕仪式结束后，不知从何处涌来了三四十位七夕灯节的舞者，

---

① 1尺 =30.3 厘米

站成圆圈伴着太鼓的音乐热热闹闹地跳起舞来。舞者均为年轻女子。见此心中感慨，这简直就像是森林中的妖精啊。可突然而至的雷阵雨让这些舞者立即逃得无影无踪。我也跑进了佛堂。我甚至没有闲暇去看一眼，在雷阵雨中淋湿的石碑究竟是什么颜色。

这块碑的立碑发起人是蟹田町的中村贞次郎先生和蟹田町的町长。关于中村先生，太宰治在《津轻》中曾做过详尽的描述。町长之前在青森做过警察，太宰君醉心于左翼运动时，他便在青森担任监管之职。据说还曾经拘留过太宰君。这样一个人竟然成了立碑之事的发起人，也算一段不可思议的缘分。

我从蟹田回到青森市，看过七夕灯节，在小馆保先生的陪同下去了名为"泽泻屋"的餐馆。这家店碰巧就是弘前高中时代的太宰君每周六都要投宿的店家。当时的女服务员还在。听小馆先生说，太宰君披着吊钟式斗篷到店之后，会立刻换上结城绸的和服和角带，穿上白色的短布袜，招来义太夫（净琉璃）的女师父学习技艺。我并未对女服务员提出任何问题。即便问了，对方说着一口纯正的津轻方言，我也是完全不知所云的。

III

后记（《富岳百景·奔跑吧，梅洛斯！》）

太宰君享年四十岁。在这一生中，他发表了近一百四十部短篇小说。他创作每一部作品，都会根据素材选择最合适的写作手法。从能够窥见他这一创作意图的代表性的短篇作品中，我试着选出了战前发表的以下十部作品。

鱼服记　　昭和八年三月　《海豹》创刊号

传奇　　　昭和九年十一月　《青花》创刊号

满愿　　　昭和十三年九月刊　《文笔》

富岳百景　昭和十四年二月、三月刊　《文体》

女学生　　昭和十四年四月刊　《文学界》

八十八夜	昭和十四年八月刊	《新潮》
越级申诉	昭和十五年二月刊	《中央公论》
奔跑吧，梅洛斯	昭和十五年五月刊	《新潮》
蟋蟀	昭和十五年十一月刊	《新潮》
东京八景	昭和十六年一月刊	《文学界》

不过，正在写作这篇《后记》的本人打算在此写一写太宰君这个人，鉴赏作品的自由就交给读者吧。

我第一次见到太宰君是在昭和五年的春天，太宰君来东京读大学的次月。太宰君给我写了两三次信，见我迟迟没有回信，他便写来了一封语气强硬的信。信中写道："若您不见我，我就自杀。"我很吃惊，马上回了信。

初次见面，太宰君穿着时髦的和服和裤裙。衣着华丽，内衣材质是印花布的。他从怀中拿出了自己的作品，请我"马上读读看"。我读了。如今我早已忘记了具体内容，唯一清晰记得的，是对其作品的整体印象。从他的作品中可以看出，他模仿了当时短暂流行的所谓"荒诞文学"（nonsense）倾向的作品，受到了彼时不太好的潮流的影响。读后，我并未阐述感想，而是顾左右而言他："总之，咱们还是多读读古典吧。眼下要不读一读普希金或东方的古诗吧。"我自己那时似乎也是想着要去读读古典的。

我还顺便问他："你这内衣是穿的令尊或是令兄的吧？"不论是内衣，还是和服外褂、和服，全都非常高雅、精致，根本不像是年轻学生能穿的衣物。太宰君回道："是的，都是旧的。"后来，太宰君过世，问了津轻的小馆保先生，才知道那时的内衣和和服好像都不是旧的。

据保先生回忆，太宰君还在弘前的高中读书时，记忆力超群，非常时髦。无论是他的聪慧秀才，还是他的时髦漂亮，旁人只能望尘莫及。去餐馆也是极尽奢靡，每个星期六，他都会从弘前乘上远行的汽车，赶往青森的一家叫"泽泻屋"的料亭。在那里，他会脱掉学生制服，换上结城绸的和服，穿上白色短布袜，在等待义太夫的女师父期间给女服务员讲些电影的故事。和服和短布袜似乎是暂放在那家料亭里的。

他行事非常细致。上学时，总是在保温瓶里装上三碗味噌汤，连同便当一起带去学校。无论干什么都是这种调性，年轻时候的太宰君绝不会穿什么父亲或哥哥换下来的旧衣服。可是，面对我这——"是旧衣服吧？"——没有教养的问题，太宰君非常漂亮地迎合道："是的，是旧的。"不仅如此，他还表现出了对我眼力之毒辣的惊讶。这真是位社交专家啊。有段时期，他跟我说被赶出了出租屋十分窘迫，实际上却从帝国饭店往返学校。虽然衣食住行极其讲究，却羞于被旁人认为如此。同时，还能够立刻迎合对方的不体面之处。我跟某位心理学家谈及此事时，他断定这是假性社交人格的表露。若是太宰君，估计又要说他"冷酷"了吧。

昭和九年，太宰君在三岛市逗留期间，我与太宰君在热海汇合，连同我们共同的朋友 K 女士三人一同翻过十国岭，自元箱根赶往三岛市。从元箱根下山途中，随处可见农家庭前泥土堆起的山芋苗床。

我们径直通过十国岭，在元箱根的关卡旧址纪念馆里参观了古时的关卡官员使用过的抓捕犯人的武器。也看到了通过关卡的旅人的签名簿。签名处还分别写着出生地。在签名中，我们找到了大石内藏助 ① 的名字，太宰君说道："哎哟，这真是……"从签名簿转过脸去，然后笑得前仰后合。这种情况，应该是大石内藏助过于有名，反而让太宰君害羞了吧。对太宰君来说，"有名"，通俗来讲就是一种谎言。不过，他应该不会认为这签名簿必定是赝品吧？富士山也太有名了。曾几何时，他仔仔细细看过富士山后，说"真令人害羞"。在作品中也写过类似的话。拒绝平庸一直是太宰君在审美上的夙愿，但是看过签名簿后捧腹大笑

———————

① 即大石良雄，江户中期赤穗藩浅野家的家老，通称内藏助。

这种事，我觉得还是要稍微收敛一些，希望他可以稍微顾及一下充当导游的 K 女士的感受。当日，K 女士铆足了劲儿带我们参观各处古迹。K 女士从元箱根开始便一直绷着脸，几乎没怎么开过口。抵达三岛市后，我们沿着水流清澈的河边散步，偶遇一家开在河边的古董店，店里摆满了佛像。房间的玻璃拉门紧闭。随手一拉，门竟然轻轻地开了。进入房间才发现，里面的小房间里有四五个中年人围坐一团，正在抽花纸牌。那群人一看到我们，立刻慌慌张张把纸牌藏了起来。"请问有何贵干？"穿着棉袍的中年人问道。"我们想看看佛像。"我答道。"什么？想看佛像？有一言不发就往别人家里闯的吗？"穿棉袍的男人说着站了起来。K 女士走出了房间。棉袍男人在门槛上叉腿站着，怒斥道："为何随意闯进来？真是帮没礼貌的家伙！"我感到害怕便走了出来。太宰君早就不知藏到什么地方去了，真是行动迅速啊。不管我们怎么喊，他都不现身。没办法，我跟 K 女士便晃晃悠悠走到了一片树木郁郁葱葱的区域，大概是公园或是神社。我跟 K 女士为了找太宰君进到树林中。谁知太宰君不知什么时候就跟在了我们身后。大概古董店老板跟同好们抽花纸牌时，玻璃门有一处忘记上锁了。K 女士对太宰君逃跑的速度目瞪口呆，情绪也因此慢慢变好了。

　　我们回到了人多的地方，在太宰君的带领下去了一家古色古香的小酒馆。年事已高的老大爷身穿大红色的和服，头戴财神帽，为我们烫酒。太宰君介绍道，那位老爷子可是烫酒的天才。不管是哪壶，酒温就像用温度计量过一般是恒定不变的。酒不怎么好喝。太宰君在这家店边喝酒，边跟 K 女士披露了《仙术太郎》和《喧哗次郎兵卫》的构思。说自己正在写这样的故事。

《传奇》这部力作，足以与《回忆》相媲美，字里行间充满诗情。第一时间发现这部作品，并在杂志《早稻田文学》上引以为名作大加赞赏的是尾崎一雄。[1] 换句话说，文坛中认真评价太宰君作品的第一人便是尾崎君。尾崎一雄的评论文章在新人中间引起了极大的反响。

昭和十年，太宰君因盲肠炎住进了阿佐谷的筱原外科医院，痊愈后，因 Pavinal 注射的副作用染上了注射药物的恶癖。他在《东京八景》中写道，此时，腹膜炎和胸部疾病同时发作。我去看了他两三次，可每次都是谢绝见面，无功而返。病情相当严重。太宰君在那家医院住了整整一个月，出院后又马上住进了世田谷的经堂医院，以改掉恶癖。然而，恶癖愈演愈烈。

受这一恶癖的影响，当时的朋友和编辑们都将太宰君视为怪人。为了得到购买药物的钱，真可谓四面八方、到处奔走。他时

---

[1] 尾崎一雄（1899—1983），日本小说家，著有《快活的眼镜》《虫子的二三事》等。

而一脸呆滞地跑去杂志社，时而放声大哭，时而意志消沉，时而又对人怒目而视。不过，中毒一事，他却是对旁人瞒了个密不透风。这似乎是该症状患者的共性。太宰君从经堂医院出院后，出于换个地方疗养的想法，在船桥市本宿找了间房子。这段时光在《东京八景》中被如实记录在案，可他说自己中毒症状已经痊愈，巧妙地骗过了所有人。夏日，他偶尔会从船桥来我家坐坐。下将棋时，他会脱掉上等麻纱做成的和服，大咧咧地盘腿坐着，看上去男子汉气概十足，根本看不出有病。衬裤是那种类似剑道衬裤的款式，厚厚的棉布纳着细密的针脚。白棉布上走着黑色的针线，黑棉布上留着白色的针脚，他每次来都会有变化。后来，我才听初代女士说，他是为了遮住下腹部和大腿间的注射针眼才特意选择了又厚又硬的布料。穿着这样的衬裤，即便肢体瘦弱，也是青年劲儿十足，看上去很是清新阳光。可是，太宰君自船桥家中寄来的信上总是写满了牢骚。比如，"我在路上边走边放声大哭"。又如，"在大庭广众之下大哭大叫，迄今已有两遭"。明明是位极有天赋的作家，却拼命去推销自己的作品，竟被看作是怪人，被赶了出来。下面是太宰君在九月十一日写来的信，[1] 由此或可一窥当时太宰君内心的焦躁。

---

[1] 此信的内容，被井伏鳟二在多篇关于太宰治的回忆文章中使用，本书中的《那时的太宰君》《解说〈太宰治集〉上》等篇均可见。——出版者注

○幸福，迟来了一夜。

○令人毛骨悚然的

是受人怂恿却丝毫不上当的男人。

是毫不修饰的女人。

是雨巷。

○有人说，我的不好之处在于"相较于现状，悲鸣总是更为夸张"。苦恼、高贵……这通通都不对。我，虽然处处引人注目，却并非要把眼下的悲惨夸张放大以求得什么。我工作并非为了自尊。我真的很想给某个人幸福。

○我，为了在这人世间，不，在这四五好友之间活得轰轰烈烈，总是装作一副坏事做尽的样子，而真就自食恶果，遭到了残酷的报应。因为不曾吃过的——兽。

○想到五年、十年后，甚至死后，我从未故意说过一句谎话。

○堂吉诃德。哪怕被人踩在脚下，就算遭受拳打脚踢，他依旧坚信，那只稍显瘦弱的"青鸟"就在世界的某个角落，怎么也无法舍弃已满是伤痕的理想。

○想写小说，想得坐立不安，可就是没人来约稿。这真是令人难以置信的现实。《将计就计》等小说约稿，真可谓"久旱逢甘霖"（注——这是为朝日新闻撰写的随笔）。有好几次，我写好了送过去也是白跑一趟，稿子被拒收。

○我一个人，深深以为，获得他人的认可是一生的大事。今晚，心有千千结，我只是默默地（中略）躺着。

○昨夜，我在赴京途中，家中进了小偷。只是偷走了一瓶葡萄酒，而且，这瓶葡萄酒后来又被物归原主，只剩了半瓶。今日，我注视着泥泞的足迹，感到十分亲切。

○十月住院。大致确定，医生说只要两年就可以保证我痊愈。我相信医生的话。

○请一定相信我。

○不想在自杀后给人留下"若是如此，他之前怎么就不跟我说说呢？"的遗憾，为了那些轻声耳语。我这段时间的一字一句，全是出于此意。

当时还有一封信：

（前略）身体不舒服，便睡了。可是，我并不想死。我还没有留下像样的工作成果，而且我觉得勉强坚持到四十岁左右应该可以写出拿得出手的作品，我决定要扎扎实实活到四十岁。我戒烟了。完全戒掉了注射药物。也戒了酒。我并没有说谎。为了活

下去，诚实、赤手、全裸。虽然身上还背着不仗义的外债，（中略）为了活下去。我知道朋友们都会原谅我。（后略）

（注：然而，在数日后的信中，他写道本想去千叶的海边寻死，最后还是折返了。说自己大哭了一场，豪饮了啤酒，睡了个午觉。一觉醒来，发现才夜里两点。戒掉注射药物的说辞也是谎话。接下来，还有一封信。）

（前略）不知道能不能治好。若是"治不好"，那就是"死亡"的同义词。我并非珍视生命，只是觉得，毕竟我是个优秀的作家啊。活到了今年十一月，也算是超常发挥了。我今早也仔仔细细盯着我的手看了好久。（中略）我，要去死。若不在大庭广众之下切腹，人们绝不会相信我的诚实。（中略）没人要跟我一起玩耍。没有像样的人际交往。人人以为我是准狂人。活到二十八岁，我身上有过什么好事发生吗？了然尼（这个名字并不正确），将烙铁烙向自己的脸庞，变得如梅干般皱皱巴巴，才得到了世间的原谅。了然尼师的罪孽——不过是——美貌。（中略）我自己这么说或许有些奇怪，可"我打小就是个过分优秀的孩子。一切不幸皆源于此。"（中略）我的"作品"或"行动"都是故意选取了令人羞耻的、愚蠢的一面。为了一举闯进不写小说便无可奈何的境地。

《东京八景》和初期的《回忆》可以说是太宰君的自传性作品双璧。我并不认识《回忆》中所描述的那个时代的太宰君，而在我所知晓的范围内，除去一些小小的加工，《东京八景》如实地再现了当时的情景。翻开这部作品，太宰君来东京后大约十年间的经历一览无余，根本不需要翻看年谱或解说。太宰君每逢某些缘由思绪一新时，便会创作出足以代替自己的年谱或解说的力作。以前，太宰君的亲哥哥津岛文治先生谈及太宰君的这类作品，曾说过："过于专注写自己的事情，会中邪的。决不能放松警惕。"

解说（《太宰治集　上》）^①

太宰君享年四十岁。在这短暂的一生中，他发表了近一百四十部短篇小说。他创作每一部作品，都会根据素材选择最合适的写作手法。这本书选取了能够窥见他这一创作意图的代表性的短篇小说三十二部，大致按照其创作的时间顺序进行排列。不过，正在动笔写解说的本人打算在此写一写太宰君这个人，鉴赏作品的自由就交给读者。太宰君创作每一篇作品，都渴望描绘出自己当时的生活状态和个人情感。因此，本文多会谈及太宰君的私生活，会提及我心中对太宰君的回忆，也会收录从太宰君的朋

① 本篇为井伏鳟二总结太宰治的主要作品，叙述内容与本书之前的部分多有雷同之处。——出版者注

友们那里听来的故事。换句话说，我接下来要写的，是太宰君平时最瞧不上的坊间秘闻、八卦和杂谈。这篇文章虽说是为了纪念已逝之人，我也不打算迎合太宰君的心情了。

除了生前发表的作品之外，太宰君还创作了大量未发表便废弃的作品。在处女作《晚年》问世之前，被收进"仓库"里的作品以稿纸的重量计算，足足有近十九公斤。正如《东京八景》中也写到的，他将"仓库"柳条箱中的这些作品取出，吩咐当时的太太初代女士全部烧掉了。当时他住在杉并区天沼一丁目，德川梦声宅邸后面的飞岛定城先生家。右邻是津田青枫先生，与太宰君交好的伊马鹈平先生也住在附近。当时，太宰君的唯一信条是，创作小说即是拥有作家之魂的唯一良策，学校什么的根本无关紧要。太宰君推断，莫泊桑在发表《羊脂球》之前，至少二十岁之前就开始尝试创作，前后得创作了二百部短篇习作。我不知道太宰君最初尝试创作是在什么时候，不过我听说他还在青森中学读书时，就给东京的菊池宽先生寄去了短篇《太郎》，讲得好像是一个叫太郎的男孩子被父母和身边的人当成女孩子对待，以女孩子的身份被养大的故事。他到底出于什么样的心情将这篇作品寄给了菊池先生呢？菊池先生当时主管杂志《文艺春秋》，或许是想请他将其发表在杂志上。他很尊敬芥川龙之介，又或是想请芥川先生的好友菊池先生品读一番自己的作品。我对那时的太宰君一无所知。与太宰君初次见面，是在昭和五年的春天，太宰君来东京读大学的次月。太宰君给我写了两三次信，见我迟迟没有回信，他便写来了一封语气强硬的信。信中写道："若您不见我，我就自杀。"我很吃惊，马上回了信。

初次见面，太宰君穿着时髦的和服和裤裙。衣着华丽，内衣材质是印花布。他从怀中拿出了自己的作品，请我"马上读读看"。我读了。如今我早已忘记了具体内容，唯一清晰记得的，是对其作品的整体印象。从他的作品中可以看出，他模仿了当时短暂流行的所谓"荒诞文学"（nonsense）倾向的作品，受到了彼时不太好的潮流的影响。读后，我并未阐述感想，而是顾左右而言他："总之，咱们还是多读读古典吧。眼下要不读一读普希金或东方的古诗吧。"我自己那时似乎也是想着要去读读古典的。我还顺便问道："你这内衣是穿的令尊或是令兄的吧？"不论是内衣，还是和服外褂、和服，全都非常高雅、精致，根本不像是年轻学生能穿的衣物。太宰君回道："是的，都是旧的。"后来，太宰君过世，问了津轻的小馆保先生，才知道那时的内衣和和服好像都不是旧的。保先生自年幼时起便与太宰君吃住在一起，几乎形影不离，来东京之后也曾经毗邻而居。这位先生对少年时代的太宰君无所不知。

据保先生回忆，太宰君还在弘前的高中读书时，记忆力超群，非常时髦。不论是他的聪慧秀才，还是他的时髦漂亮，旁人只能是望尘莫及。身穿华丽的和服，束上角带，穿着白色短布袜，脚踩踏雪履，怀中塞着习艺簿赶往尚还健在的义太夫的女师父那里学艺。去餐馆也是极尽奢靡，每个星期六，他都会从弘前乘上远行的汽车，赶往青森的一家高级料亭。他行事非常细致。上学时，总是在保温瓶里装上三碗味噌汤，连同便当一起带去学校。无论干什么都是这种调性，年轻时候的太宰君绝不会穿什么父亲或哥哥换下来的旧衣服。可是，面对我这——"是旧衣服吧？"——没有教养的问题，太宰君非常漂亮地迎合道："是的，是旧的。"不仅如此，他还表现出了对我眼力之毒辣的惊讶。这真是位社交专家啊。有段时期，他跟我说被赶出了出租屋十分窘迫，实际上却从帝国饭店往返学校。虽然衣食住行极其讲究，却羞于被旁人认为如此。同时，还能够立刻迎合对方的不体面之处。我跟某位心理学家谈及此事时，他断定这是假性社交人格的表露。若是太宰君，估计又要说他"冷酷"了吧。

《叶》

昭和九年三月，发表在同人杂志《鹣》上的作品。《鹣》是太宰君跟檀一雄、古谷纲武三人共同创办的，古谷和檀二人早在那时候便对太宰有着极高的评价。在我看来，这两位共同出资创办《鹡》正是其为太宰深深折服的表现。

　　杂志创刊前一年的四月，太宰君在同人杂志《海豹》上发表了《鱼服记》。这是太宰君来东京后发表的第一部作品。那时，太宰君参加了每月数次在山岸外史家举办的朗读会"周六会"，在会员们面前朗读的作品都会被高看一眼，而《鱼服记》发表之后，非会员也注意到了他的存在。仅靠这一部作品就引起了相当热烈的反响。这部作品在《海豹》上发表之前的稍早些日子，二月底到三月，我因患猩红热住进了巢鸭医院。太宰君来探病，提到近日他们几个人要出一本清新脱俗的同人杂志。同好是山岸外史、中村地平、今官一、伊马鹈平和小野正文，今官一因与太宰是同乡，才被一并吸收了进来。我拜托护士帮忙拿点招待来客的饮品，太宰君却突然一脸慌乱，起身告辞。有流言蜚语说我得了正在蔓延的天花，即使半信半疑，神经质的太宰君急匆匆离开也完全可能。在我住院期间，太宰君自己只来探过一次病，而他那嫁到青森小馆家的姐姐却给我这个天花疑似患者寄来了慰问的苹果礼盒。姐姐在随附的信中写道，是他在信中拜托自己这么做的。唯独这一次，我也觉得太宰君实在太狡猾了，根本谈不上亲切。

　　《海豹》只办了半年便停刊了。古谷和太宰二人，连同新结识的朋友檀一雄三人一同创办了季刊杂志《鹡》。开本选用了当时给人耳目一新之感的新菊版。《叶》便发表在这本杂志的创刊号上。不过，太宰君创作完成《叶》，是在搬去天沼之前，当时同飞岛先生一起住在白金三光町那处古色古香的居所。那处居所距离三光町的车站大概有二三百米的距离。原本是大鸟圭介①住过的房子。大概是大鸟先生在鹿鸣馆时代建的房子。外观是古色古香的西式建筑，油漆剥落，有彩绘玻璃窗，洋味儿十足，同时又透着庄正的古色古香。可谓是明治文明开化时代的纪念品。庭院中的树木郁郁葱葱，穿过层层包围的竹林，葫芦池中水流滞缓，生长着水绵。池中有座岩石小岛。为了金龟卧岛的景致，太宰君专程从夜市买来了金钱龟养在池中。他称自己的家是厄舍府。河上彻太郎的夫人、大鸟圭介钟爱的孙女大概就是在这栋房子里呱呱落地的。后来，太宰君与河上交好，我虽然觉得二人的机缘很是不可思议，却还是对河上和太宰隐瞒了此事。河上大概至今都不知道太宰曾经在自家夫人出生时的家中住过。太宰应该也不知道河上和大鸟两家的渊源。

在这栋三光町的房子里，太宰君和初代女士住在偏房和里间，面积分别有八张榻榻米和四张半榻榻米大小，飞岛夫妇则用了大厅和宽敞的西式房间。保先生住在斜对过房子的二楼，会去

① 大鸟圭介（1833—1911），日本江户幕府末期至明治时期的外交官。

太宰君家吃饭。大家都是津轻人，彼此交谈都操着津轻方言，其他地方的人根本不知道他们在聊些什么。而且，他们讲话声音都很大。附近的住户错听成朝鲜语，同时又误认为他们是共产主义者的集会，当真有人向高轮署报了案。高轮署派出的刑警来进行临时检查，细致搜查了家中的边边角角，把橱柜、行李翻了个遍。太宰君的书架上关于社会主义的书全部被没收，太宰君和保先生也被警局传唤。接受个别问讯后，保先生获释，太宰君被拘留。于此之前，太宰君曾在青森参加过左翼人士的集会，因此，收到东京警察署的协查联络的青森警察署命其立刻返乡。事情大概发生在昭和六年的七月中旬。八月过后，太宰君自青森返回东京，却要时不时返回乡下，来回奔波，疲于奔命，导致他的健康状况恶化。因此，为了疗养身体，以及逃避警察的监管，昭和七年三月前后，他去了沼津市外静浦志下的坂部启次郎先生家暂住。太宰君的警局之行带来的只有损害身体健康的副作用，虽说一贯如此，可在旁人眼中也是极其荒唐的。住在岩本町的公寓时，他也曾被刑警带走，拘留了月余。在东中野时也被拘留了三四日，那时候，深受津岛家祖辈恩惠的北先生去警局把他带了回来。哪怕是换住处改名字，警察也必定能找到他。虽然并不完全出于这个原因，太宰君的确经常搬家。他后来创作的作品《十五年间》中便描述了当时的移动轨迹和大致情况。

总之，基于上述种种，高轮署将太宰君视为了思想犯。同住人飞岛定城会生气也是理所当然。飞岛就职于每日新闻报社的社会部。那时是精气神儿十足的青年记者，同时也非常擅长辩论。他在社里值完晚班回家后，马上去了高轮署抗议。本来，怀疑的根源就在于这地方性色彩浓厚的津轻方言，只是警察并未尝试去理解这田园牧歌般的情绪。太宰君在被拘留后的第三天或第四天获释回家。前几日，我去津轻见了保先生。保先生回忆道："那时，太宰一脸胡子拉碴地回了家。他对疯长的胡子感到非常羞耻。当时是遮着脸回来的。"

太宰治对左翼运动的关心大概是受了周围朋友的影响。记得初代女士曾提过，与飞岛先生他们同住以来，他虽然还保留着左翼相关的书籍，却不再公开谈论左翼。那之前，他还要求初代女士也要研读马克思的著作。据说他还买来了公司的办公室里常见的大桌子和椅子，让初代女士坐在椅子里，两个人头碰头举行《资本论》读书会。太宰君也曾经劝诱我加入左翼。我拒绝了。"那我们一起去散散步？"应太宰君的邀请，我们一同出门散步。去了新宿的中村屋二楼饮了茶。这时，他义建议我加入左翼。实在纠缠不清，我不禁怒火中烧。出了中村屋，我就在人群中把太宰丢下独自回了家。几个月后，我再次同太宰君去新宿的中村屋，刚出了车站旁边的出口，太宰君跟我坦白说自己改了名。用

手指在掌心一笔一画地写下了"太""宰""治"三个字，说"读
作 DAZAI OSAMU"，一脸略带羞涩的表情。也许是刚刚改名，
尚且羞于启齿吧。原名津岛，他本人自我介绍的时候听起来像
"七岛"，而太宰二字的发音即便在津轻方言中也是"太宰"。我
不禁感慨，真是思虑周全啊。大概太宰君这时刚搬去三光町后
不久。

三光町时期的太宰君看上去心情愉快，身体康健。可在《东
京八景》中，他却对三光町时期的心情做了如下描述："我写好
了遗书。《回忆》一篇近百张稿纸。（中略）我又起了寻死的念头。"
如今，翻看太宰当时的信，可以知道，在创作《回忆》的同时，
他平均每月会创作两到三部短篇。笔耕不辍，即使正月初一也未
曾搁笔。在旁人眼中，当时的太宰君生怕被警察传唤的不安消
解，同住人的诱导也很恰当，周边环境看上去也不错。纵观太宰
君的一生，这段时期相对来说算是比较安定的了。在这三光町的
家里，太宰君将八张榻榻米大小的房间用作了书斋。里面四张半
榻榻米的房间用作了初代女士的起居室，壁龛里挂着他亲笔书写
的诗笺："病妻　滞云　常盘薄。"这一句也被写进了《叶》中。
在八张榻榻米房间的壁龛里放着亡兄圭治先生制作的佛像——这
尊佛像直到太宰晚年一直被摆放在壁龛里，桌子放在书院式住宅
的窗边。房间正中摆着陶瓷材质的火盆。后来，太宰君与初代女

士分手时，初代女士把这个火盆暂放在我家，至今还在那儿。初代女士的筝也一直放在我家。因为，物件的主人初代女士居无定所，我又时不时被战时征兵，或因战争疏散从甲府逃往广岛，来来往往之间，初代女士在外地意外离世了。关于寄存的物品，我对太宰君只字未提，可若是太宰君来我家拜访，即便无意窥探，也很容易注意到这些物件。我跟夫人提议应该收进储藏间里，以免入了太宰君的眼。夫人表示反对，却还是酌情做了调整，尽量不让来访者看到。火盆放到了厨房的角落，筝收进了壁橱间。有一次，太宰君在我家提出要下将棋，便进了壁橱间去找棋盒。出来时一脸若无其事，不过，他肯定已经看到了那把令他回想起苦痛经历的筝。

太宰君在三光町时期创作的短篇几乎全被送进了"仓库"。除了《回忆》的前半部分，他从剩下的少量作品中遴选出部分按照顺序排列，另从高中时代于个人杂志上发表的短篇作品中遴选了部分内容，以节选集的形式成文，取名《叶》。其中，还有些看似随手记在笔记本上的句子。比如，苏轼的名句"水到渠成"；比如，俳句"窗外雨雪交加，所笑为何，独立列宁像"。这是因共产党问题吃尽苦头的他住在神田岩本町的公寓时写在花笺上的。因此，《叶》是一首"组曲"，收录了自己的作品，也织入了其他文字。

《回忆》

昭和八年，自同人杂志《海豹》的六月刊开始连载，直到九月刊完结，共连载了四期。正如我之前所说，这部作品自三光町时期开始动笔，搬至天沼后完成。太宰君对这次创作极为重视。我读了完成的前两章，给当时还住在三光町的太宰君寄去了读后感。太宰君未经我允许便将那封信中的部分内容印在了第一创作集《晚年》的腰封上。

保先生提供的资料。（——太宰在创作《回忆》的同时，也写了不少习作。每有一篇习作问世，为了听取大家的评价，他便招呼朋友来家，备酒举行朗读会。兴致上来了，还会声情并茂地进行朗读。如此一来，不满意的作品送进"仓库"，满意的作品装进牛皮纸质的大袋子里。那个袋子一直放在壁龛中。这段时期的习作有一部分被收进了《叶》里。参加朗读会的常客是如今担任每日新闻社评论委员的平冈敏男、如今身在津轻蟹田町的中村贞次郎、当时隶属榎本健一的编剧部门的菊谷荣、朝日新闻社的白鸟定二郎和我。）

依照太宰君的设想，创作《回忆》的初衷是为了将过去的生活感情做个彻底的整理，并写成文字留在世上。从这层意义上来说，算是一部私小说，当事人在信中也如此评价。不过，作品的创作动机终究是事前的想法。事后，要用这部作品替代遗书是作者的自由。

《回忆》的第三章——正如刚才大致提到的，搬至天沼三丁目之后写了一部分，剩下的部分是在稍稍去过三岛，后搬至天沼一丁目的住处之后完成的。这前一年的夏天，在三光町时期，太宰也曾在三岛暂住过一段时间。不知道出于何种关系，太宰君同三岛的竹郎老大相交甚密。当时，太宰君以朱麟堂为号创作俳句，还硬拉着保先生，强行给保先生按了个朱蕾的俳号。三岛的竹郎老大也钟爱俳句，尊太宰为宗师，尊称其为"朱麟堂先生"。毫不夸张地说，这可算是绝对的尊敬。有时候他还会专程赶往三光町拜访探望"朱麟堂先生"。竹郎老大家主营酒水零售。太宰君每次去三岛，都会在这家的二楼里间暂住写作。用饭时，竹郎家的妙龄女子将餐食送至二楼里间，一边服侍他用餐，一边用团扇给太宰君扇风。当然，姑娘扇风时多少也会稍稍顾及自己。"用团扇扇风时，风多送向何处？根据风量便可知其有几分真心厚意。她究竟多将风送向了何处呢？"这句话便是太宰君自三岛回来，当场送给朋友们的唯一的伴手礼。这个有关"团扇风量"的问题被写进了《回忆》的第三章。他将其融进了在故乡老家"后面的空房间"里同学校里的朋友和弟弟一起吃饭的场景中。"有一天吃中饭时，我与弟弟和朋友们围坐在桌前，御代在旁边拿着一把红色的猿面彩绘团扇一边啪啦啪啦地给我们扇风，一边服侍我们用饭。我根据团扇的风量来暗中估测御代的心。"不过,《回忆》中几乎没有对素材的艺术加工。太宰君年少时代的行动都如实再现。这在太宰君年少时代的朋友之间早已是定论。我曾怀疑他怎么可能用切成花朵形状的创可贴遮盖脸上的痘痘,可保先生说"这也是写实的。"中村贞次郎先生说:"无论如何,他行事总是出人意表。是个天马行空的人物。"这位中村先生在太宰君的长篇小说《津轻》中留下了浓墨重彩的一笔。

《猿岛》

这篇发表在昭和十年的《文学界》九月刊。林房雄注意到了太宰的文采,推荐给当时《文学界》的责任编辑河上徹太郎并让其安排刊出。时值那年七月,太宰君当时早已搬到千叶县船桥的五日市本宿,不过,完成这部作品时大概还住在天沼一丁目。《猿岛》中怪异小岛的荒凉实在不可端倪。联想高手太宰君究竟因何而得的创作灵感固然无法推测,可若是抽象地说上一句"这是津轻海岸的荒凉所催生出的真实",或也无可厚非。作品发表前后,太宰君结识了中村地平。二人在我家初次见面时,太宰君便说道:"我似乎在哪里见过你。"中村君回道:"原来是你啊。"他们似乎在教室里只记住了彼此的长相。那时候,我还是像往常那样,称呼太宰君为"津岛君"。在《太宰治全集》的附录里,中村君以《太宰与我》为题描述了这首次见面的情形——"他补充道，'我起初以为你是左翼人士。在本乡的路上经常看到你'，我一时惊讶得不知所措。这位青年便是帝国大学法文系的学生津岛修治，也是后来的太宰治。"在这初次见面的场合上，眼看这二人关系渐渐亲厚，旁观的我不禁感慨："关系可真好啊。"此后，二人成了朋友，直到太宰君去甲州的御坂岭静养，二人的交往可谓是涉及方方面面。中村君在文中也写道："那时，太宰跟我每天都会见面，每天都会吵架。吵到其他朋友都哑口无言。为了一些不值一提的原因。太宰会质问'你到底一共吃了几碗饭！'然后俩人开始吵架。"当时，也有别人说他俩是竞争对手，可我却觉得并非如此。二人都是堂堂六尺男儿，却也都是少爷出身，就如奶奶带出来的孩子一般软弱，发生口角之后又会闷闷不乐。我至今都不明白他们为何要吵得这般厉害。这二人的争吵即便不是借着酒劲，这种毒舌上的"应酬"也是难得一见了。

除了中村君，那时与太宰君在文学生活上有深交的还有伊马鹈平、古谷纲武、檀一雄、山岸外史和今官一等人。很显然，他们彼此影响。伊马君和今君就不用说了，他俩原本就有冒失的地方。相反的，他们以此为激励，努力让自己专注于文学创作。这也是这些人的共通点吧。另外，除了今君，所有人都会喝酒。当时酒席间的太宰君的一面就出现在了檀君的《小说太宰治》中。

中村君以前也写小说。"怎么就如此大言不惭呢。我再也不会跟太宰见面了。虽然让我心生不快，他的确才华横溢。"中村君也记录下了自己心生不悦，愤然离去的场面。我忘记了那部小说的题目。写信去向中村君求证，他在回信中表示"那部小说太丢人了，希望您不要读"。承担《海豹》编辑工作的古谷君也描述了对这段时光的印象——"说起《海豹》，都知道是太宰参与其中的杂志。他就是这么脱颖而出，闪闪发光。（中略）我翘首等待着（《回忆》的）稿子，深深为之着迷。每逢有人来访，必定会翻开杂志朗读。我觉得，这部作品实在太棒了。《海豹》让大家注意到了太宰的存在，同年秋天便停刊了。"

《传奇》

他住在天沼一丁目时，去了三岛，在竹郎老大家的二楼里间完成了这部作品。太宰君在三岛逗留期间，我与他在热海汇合，连同我们共同的朋友 K 女士三人一同翻过十国岭，自元箱根赶往三岛市。从元箱根下山途中，随处可见农家庭前泥土堆起的山芋苗床。《自传全集太宰治》的年谱中如此写道，九年"夏，赴伊豆三岛，创作《传奇》。"可是，我记得，当时十国岭的野樱还没长出花蕾呢。而且，堆着山芋苗床，是早春无疑。也许，他在早春时节开始动笔，期间回过两三次东京，最终在夏日的三岛完稿吧。经过十国岭时，太宰君提起以前曾跟小山祐二一起来过。当时，他们去了供滑翔机滑行的原野，小山君不懂装懂地跨坐在滑翔机上，摆弄着机器。这时被管理人发现，便如脱兔般逃走了。太宰君讲述此事时看上去心情愉悦，可当时逃出原野大概并非什么轻松愉快的事吧。不过，太宰君将长披风转身一甩，逃跑的速度可是无人能及。

我们径直通过十国岭，在元箱根的关卡旧址纪念馆里参观了古时的关卡官员使用过的抓捕犯人的武器。也看到了通过关卡的旅人的签名簿。签名处还分别写着出生地。其中，我们找到了大石内藏助的名字，太宰君说道："哎哟，这真是……"，从签名簿转过脸去，然后笑得前仰后合。这种情况，应该是大石内藏助过于有名，反而让太宰君害羞了吧。对太宰君来说，"有名"，通俗来讲就是一种谎言。不过，他应该不会认为这签名簿必定是赝品吧？富士山也太有名了。曾几何时，他仔仔细细看过富士山后，说"真令人害羞"。在作品中也写过类似的话。拒绝平庸一直是太宰君在审美上的夙愿，但是看过签名簿后捧腹大笑这回事，我觉得还是要稍微收敛一些，希望他可以稍微顾及一下允当导游的Ｋ女士的感受。当日，Ｋ女士铆足了劲儿带我们参观各处古迹。Ｋ女士从元箱根开始便一直绷着脸，几乎没怎么开过口。抵达三岛市后，我们沿着水流清澈的河边散步，偶遇一家开在河边的古董店，店里摆满了佛像。房间的玻璃拉门紧闭。随手一拉，门竟然轻轻地开了。进入房间才发现，里面的小房间里有四五个中年人围坐一团，正在抽花纸牌。那群人一看到我们，立刻慌慌张张把纸牌藏了起来。"请问有何贵干？"穿着棉袍的中年人问道。"我们想看看佛像。"我答道。"什么？想看佛像？有一言不发就往别人家里闯的吗？"穿棉袍的男人说着站了起来。K女士走出了房间。棉袍男人在门槛上叉腿站着，怒斥道："为何随意闯进来？真是帮没礼貌的家伙！"我感到害怕便走了出来。太宰君早就不知藏到什么地方去了，真是行动迅速啊。不管我们怎么喊，他都不现身。实在没办法，我跟K女士便晃晃悠悠走到了一片树木郁郁葱葱的区域，大概是公园或是神社。我跟K女士为了找太宰君进到树林中。谁知太宰君不知什么时候就跟在了我们身后。大概古董店老板跟同好们抽花纸牌时，玻璃门有一处忘记上锁了。K女士对太宰君逃跑的速度目瞪口呆，情绪也因此慢慢变好了。

我们回到了人多的地方，在太宰君的带领下去了一家古色古香的小酒馆。年事已高的老大爷身穿大红色的和服，头戴财神帽，为我们烫酒。太宰君介绍道，那位老爷子可是烫酒的天才。不管是哪壶，酒温就像用温度计量过一般是恒定不变的。酒不怎么好喝。太宰君在这家店边喝酒，边跟K女士披露了《仙术太郎》和《喧哗次郎兵卫》的构思。说自己正在写这样的故事。接着，还说自己在创作一部作品，每一章节都加了标题，标题的第一个字的发音按照伊吕波歌的顺序排列。这也许就是《懒惰的歌留多》。这部作品中也收录了三光町时期的部分习作，翻阅全集的年谱可知，它发表在昭和十四年的《文艺》三月刊上，距离昭和九年的春天已经过去了五年。

保先生说，尚还住在三光町的时候，也听太宰君提过《传奇》的构思。这部作品发表在昭和九年十二月的同人杂志《青花》上。这本杂志只出了一期便停刊了，可出刊之前太宰治所表现出来的干劲儿非比寻常。《东京八景》中提到这本杂志是他受邀参与创办。可实际上，是太宰君本人发起，干劲十足地到处拉人。他也来邀我参与，说要给我顾问或主办人的职务，希望我能支持。我婉拒后，他好像还去动员了佐藤春夫先生。同时，他还让今君去动员横光利一先生，被婉拒。太宰君也去拉中村地平加入，跟往常一样，他俩又因为微不足道的事情吵了一架。中村君说："我不喜欢《青花》这个名字。要是改成《白花》，我就加入你们。"然后两人就开始吵架。说不定太宰君特别为了发表《传奇》才计划创办《青花》杂志。杂志创刊前的热情中确是隐藏着一些非同寻常的因子。自三岛带着一部力作回归，就像要独力举起一面大旗那般的热情。

《传奇》这部力作，足以与《回忆》相媲美。字里行间充满诗情。第一时间发现这部作品，并在杂志《早稻田文学》上引以为名作大加赞赏的是尾崎一雄。换句话说，文坛中认真评价太宰君作品的第一人便是尾崎君。尾崎一雄的评论文章在新人中间引起了极大的反响。听说也有人开始重读太宰君之前发表在《海豹》《鸥》和《世纪》上的作品。后来，太宰君写完《斜阳》之后，去下曾我拜访小说主人公原型的家，还顺便去探望了同在下曾我养病的尾崎一雄。尾崎君的府邸古色古香，保留了旧时的风格，长押上挂着短矛或长刀。厨房很宽敞，回音清晰，尾崎夫人烹制菜肴时的切菜声也能被来客听得一清二楚。太宰君听了会儿厨房的声音，探身到仰卧的尾崎君身边，说："我说，这还真是'钵之木'① 啊"，尾崎不禁苦笑连连。这是我去探望尾崎君时听说的。不过，尾崎君后来听《斜阳》的主人公原型说，太宰君从他家离开的时候，起初害怕被尾崎君发现，是沿着田圃的田间小道走向下曾我站的。如此战战兢兢，太宰君恐怕是抱着"必死的决心"顺道去拜访，可突然就性情一变，来了句"我说，这还真是'钵之木'啊"。我从尾崎君那里听说了这件事，深以为这是一件真实再现太宰君的生活状态的小插曲。

评价《传奇》的尾崎君当时与浅见渊一起帮忙运营山崎刚平

---

① 日本的能乐剧目之一。

的砂子屋书房。太宰君的第一创作集《晚年》也由砂子屋书房负责发行，可最初去砂子屋交涉此事的却是檀一雄。《晚年》是太宰君的另类遗书。檀也极为慎重，对排版、用纸、装帧等也是费心劳神，他带着普鲁斯特的译本去砂子屋，要求将其作为装帧范本。这是一本雅致、装帧精美的书。相应的，他也向作者建议限定印数、放弃版税，自己支付广告费用。

这本书出版之前，太宰君向北先生交代了预计参加出版纪念会的人员和人数，也通报了此类集会的文坛规矩。提出，鉴于此，出版纪念会的主宾需要负担当日会议的全部费用，二次宴会的费用也由主宾承担，这是惯例。可是，对出版界一无所知的北先生全盘相信，并向津轻的中畑先生汇报，调取了必要的物品。此外，出席纪念会的主宾的着装也从津轻送了过来，太宰君却吩咐初代女士马上拿去当铺当掉。当时，太宰君他们还住在船桥，依着住在天沼时的习惯，他们都是去荻洼的店"丸屋"交易。所以，初代女士冒着酷暑来了荻洼。按照之前来"丸屋"时的惯例，初代女士顺便来了我家，说是来"丸屋"把还没穿过的麻质和服和夏装外套当掉，也聊到了太宰君跟北先生提过的出版纪念会的规矩。

出版纪念会在上野的精养轩举行。太宰君穿着数日前又从津轻送来的淡黄色麻质和服，端坐在主宾席上，右边的席位上坐着的是佐藤先生。真是一场盛会。我记得主持人是保田与重郎，不过对自己的记忆力有绝对自信的尾崎一雄却说我大错特错。这一日所发生的事情都被写进了《归去来》。

Das Gemeine

昭和十年，在世田谷的经堂医院住院时创作的作品。五月、六月、七月，太宰君一直住在这家医院，不过住进这家医院之前，他因盲肠炎在阿佐谷的筱原外科医院住了月余。据初代女士所说，发病的原因是在流动摊位熬夜的结果。可若下此定论，虽然太宰君因发病而兴奋不已，也稍稍有些歇斯底里的感觉。根据筱原医院的医生的诊断，是慢性病出现了恶化。那位医生向我展示了手术切下的盲肠，用镊子夹起，说："已经恶化到这种地步了。"走廊上躺在医用推车上被推过来的太宰君眼神呆滞，即便我问他"痛不痛"，也没有任何回应。只是一直拿食指指腹轻轻揉搓着鼻头。这个习惯手势在太宰君醉酒或者思考走棋时经常出现。他总是拿手指反复迅速揉搓鼻子。医生说还有更令人惊讶的，表示"这真是个意志坚强的人，是难得一见的患者"。他在《东京八景》中写道，此时，腹膜炎和胸部疾病同时发作。我去看了他两三次，可每次都是谢绝见面，无功而返。病情相当严重。太宰君在那家医院住了整整一个月，出院后又马上住进了世田谷的经堂医院。太宰君的长兄津岛文治先生与这家医院的院长是朋友，基于这层关系，文治先生授意北先生和中畑先生，将太宰君安排住进医院以便进行愈后静养。中畑先生深受津岛家祖辈恩惠，我姑且称呼他为津岛家在津轻的大总管。北先生并非驻京大总管，可我也姑且如此称呼他。这二人每逢太宰君惹出什么事端就齐齐来我家，请我说说修治（太宰君的乳名），如此这般，这般如此。他二人直接对太宰君诉说忠言，也会被他的歪理连篇绕得晕头转向，无奈才来拜托我代为转达。我极力想要推脱，即便二人所提之事尤为在理，从我的立场上看，也有很多面对太宰君难以启齿的事情。比如，太宰君的住处聚集了一群食客，在他家白吃白喝，接连多日逗留不去。更有甚者，有人趁太宰君不在家，随意拆开津轻老家寄来的装有衣物的包裹，擅自穿着外出散步。太宰君自那时起就非常善待这类客人。当然，生活费激增，老家寄来的钱总是不够用。按照惯例，每月的汇款由津岛家的代理人中畑先生汇给北先生，再由北先生亲手交给太宰君。先前太宰君被要求分家，随后不久他就惹出了《道化之花》中提到的那件事，乡里的报纸对此大书特书。他的长兄是位温厚的谦谦君子，对社会大众深感抱歉，本着自我反省之意，宣布今后十年内将不再出任一切公职、名誉职务。实际上，他离开了一直关系紧密的公司银行，在这十年之中也放弃了进入众议院的机会。由此可见津轻大家族的家风。我与太宰君的长兄第一次见面时，最先听到的便是"一直以来对舍弟的无法无天束手无策"的叹息。那时，中村地平和檀一雄就在我身边，他们异口同声地称赞畏友津岛修治创作的小说妙不可言。可这溢美之词，在这种场合下，总感觉是杯水车薪。作为长兄，眼中的太宰君可能就是个没出息的愚钝的弟弟。世家传统的高洁风度使然，直接给愚弟寄钱估计也不合乎性情。我想大概是出于这种种缘由，太宰君进京之后这近六年的岁月里，每月的汇款，自津岛家支出的生活费都要兜兜转转才会交到太宰君手上。后来，《晚年》发表，太宰君在江古田的医院治好中毒症状后，津岛家汇出的钱由中畑先生转至我处，再由我亲手交给太宰君。这是文治先生的提议，我毕竟也为了太宰君请他暂时莫要停止寄钱，便接受了这个任务。不过，太宰君都自我批评说若是全额收到每月的钱，肯定会一口气全部花掉，于是决定每月的一日、十日、二十日分三次汇款。自此，津轻的中畑先生每月分三次把汇票寄到我家。经年累月，汇款从未停止。从太宰君搬至天沼的镰泷开始，无论是在御坂岭、在甲府，还是结婚后定居三鹰，汇款一直在继续。真是雷打不动，锲而不舍，汇票从未有一日迟到。而镰泷时期的太宰君还曾早于既定日期两三日便来到我家，问我夫人"汇票还没送到吗？"夫人将汇票转交后，太宰君还没走出篱笆院墙就马上打开信封，并顺道去清水町的邮政局，取到钱便跟宾客出去饮酒。北先生说这是毫无意义的浪费。北先生时不时会去太宰君的住处转转，随后顺道来我家，痛心疾首地表示那种状态若长此以往，实在无计可施，话里话外透着我也难辞其咎的意思。北先生请我多多去太宰君的租处，让那些吃白食的避无可避。我可做不出那种事情。说是混吃混喝的食客，却都是失了业的手工艺人，或是从千叶的乡下来投靠太宰君的青年。还有一人，是太宰君住在船桥时便认识的青年，这人无论夏冬都穿着哔叽的和服和哔叽的裤裙。这些人并非为了虚荣或闹着玩才来太宰君这里的。他们很尊敬太宰君，皆为慕名而来。我总是这么跟北先生解释逃避，每次都让北先生大为头痛。

我同意代为转交以来，自昭和十一年十一月起，汇款大约持续到了昭和十七年或十八年前后。太宰君若在旅途中，就需要以电汇的方式寄到其下榻的旅馆。我夫人担起了转寄汇款的任务。终于，新晋作家太宰君得到了认可，到了昭和十五年的春天，他已经出版了六七本书。新作品也将源源不断面世。那时候，已是美知子夫人替太宰君来我家取汇票，有时候还会背着长女圆子小姐前来。有一日，中畑先生自津轻来我家拜访，说："给修治先生汇钱就到这个月为止吧？您看如何？"我答道："不，万万不可。作家生活很艰苦。而且，太宰君很容易寂寞的。"中畑先生抬头看着我，一脸"有点奇怪啊"的审视表情，说道："其实，我刚刚去过修治在三鹰的家。看上去一切进展顺利啊。应该没问题了吧？即便不再汇钱。"我答道："不行，不行，万万不可。不过，我觉得今后可以直接把钱汇给太宰君。"从此以后，我家再没有收到过津轻寄来的汇票，我也就无从知晓直接汇钱给太宰君这桩事到底毅力十足地持续了多久。前几日，问及美知子夫人才知道，汇款一直持续到了昭和二十年七月，他从甲府再次被疏散至津轻后才停止。昭和二十一年十一月，一家返回东京时，长兄还给了一个月的钱，太宰君一脸难为情地还了回去。

今年晚春，我跟中畑先生在浅虫温泉见面时，一起去泡了旅馆的澡堂。浴池非常宽敞。我跟中畑先生借了肥皂边清洗身体，边闲聊："因寻常之事见面这还是第一次呢。"中畑先生说："确实如此。之前见面全都是为了修治的事情。"泡完澡之后一起用晚饭，发现席间有中畑先生的朋友们。其中，有位穿西装的人问我道："太宰先生的小说 *Das Gemeine* 的标题，东京那边是什么意思？""我记得听人说过，这是德语，是下流、恶俗的意思。"我答道。穿西装的人看上去很意外，重复道："是德语啊。"在津轻方言中，虽然浊音上稍稍会有点不同，这是"所以行不通"或者"所以讨厌啊"的意思。津轻方言好像是说成"en·daske·maine"。我从未听太宰君提起过这件事。

正如前面所述，太宰君从筱原外科医院出院后，又马上住进了经堂医院。住院期间完成了 *Das Gemeine*。那个时候，因在筱原医院过度注射产生的副作用，他已经开始出现麻醉剂中毒的症状。换句话说，这部 *Das Gemeine* 是他在中毒时代创作的一系列作品的先驱之作。不过，与《道化之花》《狂言之神》等不同，这部作品完全取材于虚构，登场人物的性格、容貌、谈话、小插曲等不过都是借鉴了现实生活。可是，从文中描述的"我"身上，可以看到几乎不去学校的大学时代的太宰君的一鳞半爪。住在天沼时，太宰君身穿学校的制服、头戴制式的帽子出门佯装去上学，却不知兜兜转转去了哪里，直到学校下课时间才回家。保留学校的学籍，相当于有了一位强有力的保证人，保证津轻能够不间断地汇钱过来。毕业考试前夕，太宰君参加了都新闻报社（如今的东京新闻）的入社考试。还新做了一身很棒的西装。他在《东京八景》中如此描述了当时的情形。"次年三月，眼看着又到了毕业的季节。我参加了某新闻社的入社考试。我很希望让同居的朋友 H，看到我在为了临近的毕业而忙碌，哪怕只是装装样子。我要成为新闻记者，平凡度过一生——一家人听后笑得满脸明媚。"可结果却发生了《狂言之神》中花大量笔墨描述的那件事。太宰君离家出走了。

听说这一突发事件，我惊慌失措地狂奔至太宰君家。中村地平、檀一雄收到消息也匆匆赶来，以飞岛定城先生为中心进行了紧急商讨。这时，太宰君的亲戚善四郎先生赶来，提供了一些或可成为搜寻关键的信息。前一日，太宰君与善四郎先生在浅草的小饭店"瓠"喝完酒，太宰君说要去东京站便叫了车。车发动后，太宰君往车窗外探出了一条粗绳样的东西，边笑边不断甩动。我们推断，他恐怕是打算在东京站乘火车或电车到附近的县市，用那条绳子上吊。后来，听善四郎先生说，太宰君遇事钻牛角尖，决意做什么事情之前，必定会去浅草的"瓠"喝酒。这在《姥捨》中也有描写，有决意自杀前来这家店喝酒的场面。店里来了一位跟久保田万太郎①先生非常相像的客人貌似也是事实。在《狂言之神》中，太宰君在浅草的这家店与神似久保田先生的人醉酒交谈之后，自暴自弃地说："哎呀，今夜真是太愉快了。我是去投河，还是去卧轨呢？或者服毒？"可是，聚集在天沼的飞岛定城先生家的一群人都非常担心太宰君，进行了激烈的讨论。我从未见过飞岛先生像此刻这般意志消沉。檀君说："我觉得在热海。"飞岛先生说："我也这么认为。抱歉，你能去热海找找看吗？"檀君听后马上动身出发。我推断太宰君大概还在热海或三浦三崎一带徘徊，便马上动笔写了《告太宰君》的短文，拜

---

① 久保田万太郎（1889—1963），日本小说家，剧作家，俳句诗人，著有小说《春泥》《市井人》等。

托时任东京日日新闻社文化艺术部部长的阿布真之助刊出。

太宰君，哪有那么多闷闷不乐的事情？你快点回来吧。我就算想去寻你，连往哪个方向去都是一头雾水。我知道，一旦我这么说，你必定会感到羞愧，也许反而不好意思回来。不过，害羞也要讲究时机和场合……

大概是这个意思。这篇短文在次日早上的东京日日新闻的文艺版块刊出。那日，我随便定了个方向，动身赶往三浦三崎，去警察局询问，回程顺道去了油壶湾。我在荒井城城址的松林中穿梭，想起了川上眉山①的遗作《怀中日记》，有关荒井城城址的章节，文字描述极为流畅优美。"走过麦田，行过菜圃，一入松林，云云"，连季节都符合时下。不过，眉山的文章中所描写的"只有东京帝国大学用地的木牌和孑然独立的一文人"的那一带，建起了大学的临海实验室，建起了水族馆，没有"一文人"眉山，只有转来转去寻人的我。我也去了海边，只看到穿着黑色和服的中年妇女站在齐腰的海水中采收海藻或贝类。竟然会想起悲惨离世的眉山的文章，真不是个好兆头。

---

① 川上眉山（1869—1908），日本小说家，著有《墨染樱》《书记官》等。

次日，我去了飞岛家探听情况。檀君也来了，讲了去热海寻人的经过。虽然夜已深，热海的消防员还是非常热情地提供了帮助，甚至在纵身一跃海角点了篝火帮忙搜寻。中村君一脸沉痛。飞岛先生、飞岛夫人和初代女士也是如此。这时，太宰君从后门回来了。在听到声音出门迎接的初代女士的引领下，太宰君一脸沮丧地走进屋里。脖子上渗出了浅浅的红色。太宰君说自己去了镰仓的山里寻死，没死成。他去了深田久弥①家，喝了啤酒，看着深田夫妇伉俪情深，寻死之心有了动摇。不知道离家出走的太宰君是否读到了我在东京日日新闻上刊载的短文，事后我没有问，太宰君也未提起。

《东京八景》中对回家这一幕如此描述道：

脚步虚浮地回到家中，眼前是一个从未见过的不可思议的世界。H在玄关轻轻抚着我的背。其他人也忙不迭地说着太好了，太好了，纷纷过来安慰我。

对事实仅做了细微的加工。

这件事之后，如我之前所言，太宰君患了盲肠炎，接受切除

---

① 深田久弥（1903—1971），日本小说家，山岳游记作家，著有《日本百名山》《喜马拉雅的高峰》等。

手术痊愈后，染上了注射麻醉剂的恶癖。受这一恶癖的影响，当时的朋友和编辑们都将太宰君视为怪人。为了得到购买药物的钱，真可谓四面八方、到处奔走。他时而一脸呆滞地跑去杂志社，时而放声大哭。时而意志消沉，时而又对人怒目而视。不过，中毒一事，他却是对旁人瞒了个密不透风。这似乎是该症状患者的共性。太宰君从经堂医院出院后，出于之前所说的换个地方疗养的想法，在船桥市本宿找了间房子。这段时光在《东京八景》中被如实记录在案，可他说自己中毒症状已经痊愈，巧妙地骗过了所有人。夏日，他偶尔会从船桥来我家坐坐。下将棋时，他会脱掉上等麻纱做成的和服，大咧咧地盘腿坐着，看上去男子汉气概十足，根本看不出有病。衬裤是那种类似剑道衬裤的款式，厚厚的棉布纳着细密的针脚。白棉布上走着黑色的针线，黑棉布上留着白色的针脚，他每次来都会有变化。后来，我才听初代女士说，他是为了遮住下腹部和腿间的注射针眼才特意选择了又厚又硬的布料。穿着这样的衬裤，即便肢体瘦弱，也是青年劲儿十足，看上去很是清新阳光。可是，太宰君自船桥家中寄来的信上总是写满了牢骚。比如，"我在路上边走边放声大哭"。又如，"在大庭广众之下大哭大叫，迄今已有两遭"。明明是位极有天赋的作家，却拼命去推销自己的作品，竟被看作是怪人，被赶了出来。那时候，我曾在出云桥边的小饭馆"初濑川"听一位现已过世的作家对太宰君的作品痛骂不已。那个人断言："对那种作品好评的人真是大蠢货。"次年，这位作家读了《二十世纪旗手》，说自己潸然泪下。

我得知太宰君中毒的真实状况，是在昭和十一年十月七日。在我记下的《太宰治日记》这一备忘录中，有这样一章——《应题为'为了日后'》。我在里面这样写道：

十月七日——

太宰家的初代女士来访，告知太宰君因 Pavinal 中毒一天需要注射三十至四十支，希望可以跟乡下的长兄津岛文治先生报告此事，安排他紧急入院。太宰的注射数量，多的时候一天要五十多支。一次一支丝毫不起作用，每次至少需要注射四五支。鄙人反问道：我很难理解这件事为何要隐瞒至今日？初代女士回答道：太宰他一直让等二三日，再等二三日，说他自己的身体自己负责，才拖延至今日。鄙人赞成他住院。（以下，略）

这本备忘录里也记录了他住院前后的事情。我为何要做这种稍嫌多余的事情呢？这是因为中畑先生和北先生早就把太宰君的诸事托付给了我，我有责任在身。这件事早已在我的随笔中多次提及，刚才也隐约有所涉及。详细情形在此不再赘言。

十月七日，初代女士给北先生打了电话，同时给中畑先生发了电报。十二日，北先生、中畑先生和初代女士来到我家，讨论如何哄太宰去住院。可是，我们并没想出什么好主意，便径直去了船桥太宰君家。我跟太宰君下了将棋，聊了文学，却始终未能将住院之事说出口，最后在太宰君家住了下来。次日，我们正在吃早饭，中畑先生和北先生来访，使眼色询问我有没有说那件事。我回以眼色，告知尚未提及。中畑先生眉宇间一片决意之色，说道："修治，拜托了。你还是去住院吧。"太宰君眼看着脸色大变，连忙说道："哪有时间住院，我得赶紧写小说。文艺春秋约的小说，长达三十页，稿费早就预支了，得抓紧时间赶稿。交稿之后我打算去富士见高原的疗养所。"来来往往僵持了两个小时后，太宰君突然起身去了隔壁房间放声大哭。初代女士也去了太宰君身边，陪着一同落泪。北先生和中畑先生垂着头，一句不发。我等太宰君哭毕，说道："你去住院吧。拜托了。算我这辈子最大的请求。如果不喜欢，只是去做个检查也可以。"太宰君将这段故事写进了 *Human Lost*。我跟他说，"是继续追求文学，还是放弃，如今正是紧要关头。"太宰君点点头，默默地取来毛毯，一行人出了玄关。在篱笆边，停着北先生他们来时开的车。大家坐进车子，冒雨赶往江古田的东京武藏野医院。途中，中畑先生每逢经过日莲宗的寺院便脱帽，向着山门虔诚行礼。这位津轻的大总管是日莲宗的虔诚信徒。祭拜是为了祈祷修治顺利住院，还是仅是虔诚信仰的体现呢，我就不得而知了。

院长给太宰君做了检查，下了绝对需要住院的诊断。太宰君在住院申请书上签字，按下手印。我作为担保人也签下了名字，按了手印。我们打道回府，将太宰君孤零零一个人留在了病房。可我总觉得做了一件特别残忍的事情，心情久久难以平静，便决定去喝酒，在新宿的樽平跟北先生喝了一场。可是，不逼他去住院，他就会死。院长说，他会变得跟枯萎的玉米秆芯一般。

太宰君入院第二日，院长给北先生打来了电话。说患者太宰治有自杀倾向，有必要将其转移至监禁室，并配备看守，希望能获得谅解。北先生来跟我说了此事。入院第六日，院长诊断中毒症状逐渐减轻，保证能够痊愈。虽然完全谢绝见面，可不知道用了何种方法，初代女士竟然带来了太宰君写给我的信。字迹潦草，文章也不知所云，可整体看下来，太宰君认定全盘策划将自己送进医院的罪魁祸首是北先生。还说这是"铜钱的复仇"。这句话也出现在了 *Human Lost* 第十九日的章节中。何为"铜钱的复仇"？我至今都不明白。后来我也没有向太宰君询问这句话的意思。

入院第十五日，初代女士拿着两封写给太宰君的信来我家说有事相商。是新潮社和改造社寄来的信，都是想请太宰君为开年刊撰写小说的约稿函。太宰君在十一月十二日出院后为新潮社写了篇作品。他在荻洼的公寓中住了三天后搬至天沼卫生医院后面的木工师傅家二楼的八张榻榻米大小的房间，并于十二月上旬去了热海，作品便在这之前的短暂期间创作完成。这就是刊登在《新潮》四月刊的新作 *Human Lost*，是对住院期间的真实记录。他也给改造社寄去了稿件。这便是刊登在次年《改造》一月刊上的《二十世纪旗手》，是自荐给文艺春秋社后又取回来的稿子。每一篇都深受好评。

《道化之花》

昭和九年十二月，太宰君和中村地平、山岸外史等人创办了同人杂志《青花》，仅办了一期便停刊，并入了次月创刊的同人杂志《日本浪漫派》。杂志同人有中谷孝雄、北村谦次郎、芳贺檀、三浦常夫、伊藤佐喜雄、绿川贡、田中克己、绪方隆士、保田与重郎、盐月赳等人。《道化之花》便刊载在《日本浪漫派》的五月刊上。

这部作品讲述了八年前太宰君刚入大学不久便惹出的事件，文中的人物都有其现实存在的原型。眼皮上有伤痕的护士也是现实存在的女性。叶藏的朋友、名叫飞驒的雕刻家的原型便是太宰君的中学同学、画家阿部合成。叶藏的亲戚、小他三岁的法律系学生小菅的原型是太宰君的亲戚、比他小三岁的学生小馆保先生。"这两个大人刚闪亮登场，便是一脸生硬。"碍事的"大人"的实名就是一直被视为绊脚石的中畑先生和北先生。保先生说，这部作品中所记载的一切都是事实。或者说，事实上更是无法无天。他让护士透过窗户时刻监视着外面，自己甚至打起了麻将，何止是打牌。刑警出现时，护士发出暗号，太宰君慌张藏好麻将牌，躺在床上做出一脸痛苦的表情，等着刑警推门进来。保先生自己也这么说。不过，被视为绊脚石的"大人"北先生说："再没有比那时更令人遗憾的事了。"说为了解除叶藏协助自杀的嫌疑，他几乎踏平了警局的门槛，也多次接受检察官的盘问，就像小白鼠一般到处奔走，吃尽苦头。

太宰君发表这部作品后次年，《道化之花》同《狂言之神》《虚构之春》三作被并称为"虚构的彷徨"三部曲。他在《晚年》出版三个月时写给我的信中提到了获此标题的始末。当时，他的中毒症状应该已经到了极度恶化的阶段，读罢信便能充分理解他当时渴求的焦点，我将信件的部分抄录如下。

（前略）今年年内，我还想再出一本单行本，还请您多多提携。我拜托了砂子屋书房的山崎刚平先生，以及清澄的前辈浅见先生，看样子肯定能帮我出版，（中略）竹村书房也好，其他什

么也罢，都没有关系。即便不是豪华版，我也完全不会在意。佐藤先生为我赐名的三部曲，

"虚构的彷徨"

道化之花　一百页

狂言之神　四十页

架空之春　一百六十页

以上三部曲三百页稿子，尤其是《架空之春》（一百六十页），我全部推倒重写，几乎算得上是全新作品。除此之外，作为附录，我想把 *Das Gemeine*（六十页）收进去。（中略）装帧请设计成那种简简单单穿件浴衣，轻松外出散个步的感觉。我恳求您。我会请佐藤先生帮我作序。《二十世纪旗手》这部充满悲情的浪漫小说也写完了，昨日（昭和十一年九月——不知是几日，信封上的钢印不清晰）我送到了文艺春秋，拜托给了千叶静一先生。这是我的得意之作，（中略）绝不会让您丢脸。拜托您，请您助我一臂之力。（中略）请您训斥动不动就要滑入自暴自弃的深渊的我，请给我力量，请带给我希望，请不要让我如此卑躬屈膝。

修治九拜

读罢此信，我突然意识到自己忘了一件大事。太宰君请佐藤

先生为三部曲赐名"虚构的彷徨"之前，曾去佐藤春夫先生位于
小石川关口町的家中拜访。最初，是我请田中贡太郎先生写了介
绍信，带太宰君去拜见的佐藤先生。田中先生写介绍信时，曾向
太宰君询问，本名"津岛修治"中的岛字有没有山字偏旁。太
宰君说："怎么都行。"于是，田中先生说："带不带山字旁，字
是不一样的。"这让太宰君大为惶恐。带着介绍信，我们一起去
拜访了佐藤先生，此后多年，太宰君经常会去拜访佐藤先生（他
对老前辈佐藤先生以师礼相待。后来，太宰君尊以为前辈的是
丰岛与志雄先生①。丰岛先生对太宰君的理解也非常人可及。翻
阅《太宰治全集》各卷的解说，便可充分理解个中缘由）。佐藤
先生对太宰君的妙笔也是评价甚高。我也多次与太宰君一道去佐
藤先生家拜访。昭和十年九月，在第一届芥川奖评审委员会上，
佐藤先生选了《道化之花》，泷井孝作先生和川端先生选了《逆
行》。结果，他屈居第二。与其他获奖候选人外村繁、高见顺、
衣卷省三同样，太宰君也接到了约稿，为《文艺春秋》十月刊创
作作品。他将 *Das Gemeine* 寄到了文艺春秋出版社。这大概发
生在昭和十一年九月上旬前后。不过，九月九日，参照我前面引
用的太宰君的来信，他又给文艺春秋的编辑千叶静一先生送去了

---

① 丰岛与志雄（1890—1955），日本小说家，翻译家，儿童文学家，著有
小说《小丑》《白蛾》等。

《二十世纪旗手》。为了筹得购买药物的钱，四面八方、到处奔走的情状一目了然。当然，他那时被旁人视为怪人，正身陷议论的漩涡，可下面这封九月十一日的来信却能一窥当时太宰君内心的焦躁。

○幸福，迟来了一夜。

○令人毛骨悚然的，

是受人怂恿却丝毫不上当的男人。

是毫不修饰的女人。

是雨巷。

○有人说，我的不好之处在于"相较于现状，悲鸣都是更为夸张"。苦恼、高贵……这通通都不对。我，虽然处处引人注目，却并非要把眼下的悲惨夸张放大以求得什么。我工作并非为了自尊。我真的很想给某个人幸福。

○我，为了在这人世间，不，在这四五好友之间活得轰轰烈烈，总是装作一副坏事做尽的样子，而真就自食恶果，遭到了残酷的报应。因为不曾吃过的—— 兽。

○想到五年、十年后，甚至死后，我从未故意说过一句谎话。

○堂吉诃德。哪怕被人踩在脚下，就算遭受拳打脚踢，他依旧坚信，那只稍显瘦弱的"青鸟"就在世界的某个角落，怎么也无法舍弃已满是伤痕的理想。

○想写小说，想得坐立不安，可就是没人来约稿。这真是令人难以置信的现实。《将计就计》等小说的约稿，真可谓"久旱逢甘霖"（注——这是为朝日新闻撰写的随笔）。有好几次，我写好了送过去也是白跑一趟，稿子被拒收。

○我一个人，深深以为，获得他人的认可是一生的大事。今晚，心有千千结，我只是默默地（中略）躺着。

○昨夜，我在赴京途中，家中进了小偷。只是偷走了一瓶葡萄酒，而且，这瓶葡萄酒后来又被物归原主，只剩了半瓶。今日，我注视着泥泞的足迹，感到十分亲切。

○十月住院。大致确定，医生说只要两年就可以保证我痊愈。我相信医生的话。

○请一定相信我。

○不想在自杀后给人留下"若是如此，他之前怎么就不跟我说说呢？"的遗憾，为了那些轻声耳语。我这段时间的一字一句，全是出于此意。

当时还有一封信。

（前略）身体不舒服，便睡了。可是，我并不想死。我还没有留下像样的工作成果，而且我觉得勉强坚持到四十岁左右应该可以写出拿得出手的作品，我决定要扎扎实实活到四十岁。我戒烟了。完全戒掉了注射药物。也戒了酒。我并没有说谎。为了活下去，诚实、赤手、全裸。虽然身上还背着不仗义的外债，（中略）为了活下去。我知道朋友们都会原谅我。（后略）

（注：然而，在数日后的信中，他写道本想去千叶的海边寻死，最后还是折返了。说自己大哭了一场，豪饮了啤酒，睡个了午觉。一觉醒来，发现才夜里两点。戒掉了注射药物的说辞也是谎话。接下来，还有一封信。）

（前略）不知道能不能治好。若是"治不好"，那就是"死亡"的同义词。我并非珍视生命，只是觉得，毕竟我是个优秀的作家啊。活到了今年十一月，也算是超常发挥了。我今早也仔仔细细盯着我的手看了好久。（中略）我，要去死。若不在大庭广众之下切腹，人们绝不会相信我的诚实。（中略）没人要跟我一起坑耍。没有像样的人际交往。人人以为我是准狂人。活到二十八岁，我身上有过什么好事发生吗？了然尼（这个名字并不正确），将烙铁烙向自己的脸庞，变得如梅干般皱皱巴巴，才得到了世间的原谅。了然尼师的罪孽——不过是——美貌。（中略）

我自己这么说或许有些奇怪，可"我打小就是个过分优秀的孩子。一切不幸皆源于此。"（中略）我的"作品"、或"行动"都是故意选取了令人羞耻的、愚蠢的一面。为了一举闯进不写小说便无可奈何的境地。

　　若是如此絮絮叨叨写下去，解说的页数过多，恐怕会破坏整本书的调性。而且，自太宰君在三鹰成家定居之后，我尽量不去干涉他的生活，因此，这之后的作品解说将会参照美知子夫人的手记。我希望能够留下最熟悉太宰君之人记下的最正确的记录。基于这样的"场面话"，我再三恳请美知子夫人，拿到了手记。

《雌性杂谈》

　　这部作品，据山岸外史所言，重现了某日山岸君与太宰君的对话。不过，不论对话的那个人是谁，都不会改变作品的价值。作家将 A 与 B 的对话写进文章时，不可能只写 A 的话，这自然不用多说。这部作品中，对话的"你来我往"之鲜明美妙，根本不像是中毒症状恶化期间创作的作品。太宰文采之卓绝，跃然纸上。不过，这应该是在深受中毒之苦的船桥时期创作的作品，刊载于昭和十一年的《若草》五月刊。

《喝彩》

刊载于昭和十一年的《若草》十月刊。创作这部作品的时候，症状相较于执笔前述作品《雌性杂谈》之时进一步恶化。虽然有些对不住主人公原型中村地平，他尝试对当时的中村君的一动一静进行了生动描写，带着五分友爱，五分嘲讽。此次，我难得重读了这部作品，对于二人为何一见面就吵架之事生出了解谜之心。谜底没能解开，读着读着却不禁失笑。可是，中村君在自己的文章中这样写道："太宰他虽然标榜贵族趣味，本性却是乡下出身。他大概是无法忍受将自我嫌恶的乡下人的土气露骨地展现在我面前，而我也觉得他这种稍显异常的神经质不胜其烦，由此而引发了各种反驳和争吵。"

《姥捨》

发表在昭和十三年的《新潮》九月刊。作品是住在天沼的租处"镰泷"时完成的。太宰君住在西晒的二楼房间。在这个房间里，只有一张桌子、一个台灯和永不整理的床铺，无论何时到访，他家总会有二三位客人。也有白日里就钻进被窝的客人。同初代女士分开时，他将家中什物全都给了她，所以房中一样家具都没有。壁龛中放置的佛像也被塞进了橱柜里，可以感受到他要将这种荒凉之感贯彻到底的悲痛之情。去年，昭和十二年春，发生了《姥捨》中描述的事件，导致了《东京八景》中提到的结果。我还保存着事件相关的记录，可我不想，也觉得没有必要在此摘录出来。《姥捨》早已一五一十地坦白了事件真相。

关于镰泷时期的太宰君，我已在发表的随笔《镰泷日夜》中做了详尽的记述。我无意老生常谈，可我实在无法相信，太宰君竟然能够忍受那里的寄宿生活。这年八月到九月，我一直住在御坂岭的茶屋，收到了太宰君的信。信中写道："我瘦了很多。（中略）我只有工作。除了（拼命工作），我没有别的活法……"我给太宰君回信，让他逃来御坂岭进行文学创作。过了一段时间，在我逗留的第四十天，太宰君结束了镰泷的寄宿生活，将行李和桌子放在荻洼的我家，仅带着一个小包裹来到御坂岭。一身单衣，束着角带。"来得好。"我说道。这里海拔一千三百米。空气清新。远离烦扰。我亲眼看到太宰君在这里渐渐冷静下来，见证了太宰君的相亲后，回到了东京。太宰君在岭上的茶屋逗留了八十天，整理旧稿，创作了长篇。他从这些稿子中选了一篇有一百页稿纸长度的作品寄给了某杂志社，却被收件人不慎弄丢了。我也不知道那篇作品的标题。太宰君自御坂岭的茶屋搬至甲府市竖町寿馆后不久，给我写来了信。透过这封信，足以窥见太宰君身上那过分认真的本性。

敬启者

　　杂志社丢失了我的稿子，足有一百页，如今还在四处查找，当事人也给我写来了真心实意的道歉信。我打算就此揭过了。毕竟是一场无妄之灾。若闹得人尽皆知，当事人也会深受其苦。我决定对所有人都守口如瓶，也请您一定要保守这个秘密。（中略）当事人也是日夜为此操碎了心，甚至去了警视厅寻求帮助，不过看上去很是绝望。我也跟那位当事人（中略）坦诚了心中所想，坦白告诉他我已经放下了此事，希望能够给予他安慰。（中略）总之，那一百五十页稿子（注——寄给竹村书房）马上就送到了，可剩下的一百页稿子怎么也不帮我送达，我正心中挂念，不想便发生了上面提到的事情。（后略）

　　另外，《姥捨》这部作品描写了太宰君最后那桩自杀未遂事件，回顾这几次的未遂事件，可以看得出，随着次数的增加，事件变得愈发阴郁。

《富岳百景》

　　分期发表在昭和十四年的《文体》一月刊和二月刊上。前半部分估计在甲府的寿馆完成，寄给文体社后在东京的我家举行了结婚仪式，后又在甲府市御崎町五六安了家。大概是这个顺序吧。因此，此后的解说中会参照美知子夫人的手记。

太宰君在御崎町的家是一栋老房子，有一间八张榻榻米的房间和四张半榻榻米的房间。在大的房间一角，是一处嵌着破旧炉边的地炉。周围环境感觉有些偏僻，不过根据我上门拜访时的观察，夫妻关系非常融洽。前几日，我久违地去了御坂岭山顶的茶屋，去吊唁了那之前几日以八十五岁高龄过世的老大爷，跟老板和老板娘一起追忆了太宰君。满月之夜，夜鹰啼哭。老板娘回忆道，太宰君来这家茶屋是在昭和十三年九月九日，动身离开是在十二月十五日。"太宰先生每天笔耕不辍，汇票一到，必定带着元彦和澄江乘巴士去河口村的邮局取钱。""离开这里时，在动身前六七日便一直说冷，说太冷了要下山。要下山去结婚这种话，他是羞于说出口的哟。"我问老板"有没有读过《富岳百景》"，他说："不过，别说写富士山了，画都很难吧。"想必是没有读过吧。

接下来，我就把美知子夫人的手记（用双括号标出，下同）摘录于此。

（（《富岳百景》至《皮肤与心》这四篇，是在甲府御崎町的家中写的。昭和十四年一月动笔，至夏季完成。不过，《富岳百景》的前半部二十页早已在前一年年末写完，将刊登在《文体》

一月刊上。那时搬进御崎町的新家后刚安顿下来不久，我们二人一起看着寄出的。

《富岳百景》的开头"富士的顶角，云云"直接盗用了我父亲、石原初太郎的著作中的语句，让我大吃一惊。太宰说："岳父他不会说什么的。"许久之后，广播节目"话之泉"中又有人盗用这段话出题，太宰觉得很有意思，扬言要写进随笔里，可最终也没能实现。

有这么一句话，三岭山上，"井伏先生在浓浓的雾气中，坐在岩石上，悠闲地抽着烟，放了个屁"。井伏先生因此提出抗议，惹出了不小的问题。治坚持说"自己听得真真切切"，可这要是太宰编造的，那真是太抱歉了。

在御崎町最先创作的，是《续·富岳百景》。他提出"我口述，你来写，可算帮了大忙"，我俩便面对面坐在桌前，开始了。我终生难忘。口述从"之所以特别选择月见草……"的段落开始。他以稍微写快点便能跟得上的速度口述，我听着匆匆落笔。他平时总是一副吊儿郎当的样子，可一旦开始工作，突然换了副表情，看上去有点吓人。当写到"山洞上方冰冷的地下水滴落到脸上、脖子上……"时，他突然说："好了，我自己写"，便停止了口述。然后，又从"自甲府回来后"开始口述，直到最后。

直到许久之后，妹妹读罢，抗议道："哎呀，提出那个蠢问题（富士山下雪吗？）的是我呀。"那时，刚好是昭和十三年九月十八日的傍晚时分。我与妹妹二人送太宰行至巴士上车点，可我完全不记得那时候说了些什么，太宰也对妹妹的抗议一言不发。这二人肯定都忘我了吧。在我看来，那个问题完全就是不实之罪啊。））

《关于爱与美》

（（连同重新修订整理的两三旧作（秋风记、花烛）一并交给竹村书房，在十四年五月出版的新作短篇集中的一篇。我想大概是在十四年的一二月前后创作完成的。

当时，他早上起得比较早，一直在桌边坐到下午。三时许，出门去附近的喜久汤泡澡，四时左右开始就着汤豆腐喝酒。天天如此，少受来客烦扰，也几乎没有生活之忧，日日安稳。醉了，会哼唱义太夫小调，会来找碴惹我哭。任意尽情地饮酒，夜里九时左右便累得睡去，鼾声大作。抱歉突然提到了高木博士，这是从学习数学专业的我弟弟那里顺手拿来的书，他经常会做这种事。他对高木先生的名作也是感叹不已。））

《畜犬谈》

发表于昭和十四年八月《文学者》。

《皮肤与心》

发表于昭和十四年《文学界》十月刊。

《俗天使》

发表于昭和十五年一月《新潮》。

((十四年九月，我们搬到了在三鹰町下连雀的农田中新建的租处，当年秋天，他便创作了这篇作品。访客增多，已经无法像御崎町时期那样悠闲度日了。

九月一日，搬家日，来了一位访客。是西洋画家、基督徒 H 先生。自这月起，他经常来三鹰拜访，算是跑得最勤的一位。他每次都会带着心爱的画集到访。托他的福，太宰坐在家中便可以鉴赏到古代近世的名画。《俗天使》中的圣母子的杰作也是其中的一幅。另外，金太郎①的山姥的性感之姿正合太宰的审美，太宰也多次提到"真是了不得"。后来，他看了电影《残菊物语》，也被森赫子扮演的乳母深深吸引。不过，这些事情或许只是我的偏见，同《俗天使》这部作品也没有一丝一毫的关系。接着还有鸟兽合战之歌，云云。这也是在太宰的脑海中构思完整的对话，

---

① 金太郎，日本传说中的怪童，住在相模的足柄山上，以山中山姥为母。

我一概不知。"我与家中之人"的对话等也大致如此。))

附记——搬至三鹰后，也因为龟井胜一郎的府邸就在附近，太宰君跟他自此时起交往渐深，太宰君但凡有空就会去龟井家。二人的交往一直持续到被疏散至甲府之前，后来战争愈演愈烈，太宰君将藏书家龟井君的书柜昵称为"龟井文库"，持续不断去借阅古典书籍。我还记得，龟井君曾对他那过人的阅读能力惊诧不已。

自津轻回到东京后，新闻社、杂志社记者的约稿频频，太宰君对此应接不暇，于家中悠闲度日几近奢望。即便去工作室，那里也挤满了记者。哪怕是出去散步，他们也紧跟不舍。路上偶遇朋友，大概也没办法好好闲谈几句。盖因此，他与疏散至甲府前结识的旧友完全断了联系。战前与战后，他的交友对象发生了翻天覆地的变化。战前，健康的一点表现在于，每月例会"阿佐谷会"当日，他等不及到傍晚，中午就在我家门前走来走去。他并不是来邀请我一起的，只是心中迫不及待，脚下步履不停罢了。这可以看出以前的太宰君身上的那种亲人气质。可后来急转直下，"阿佐谷会"的干事通知了聚会时间，他也不做任何回应。也许其中的一个理由，是为了向某个我不愿提及的对象献殷勤，由此生出的胸中烦闷让他觉得旧时好友实在不胜其烦，从而心生怨怼。"阿佐谷会"的其他会员中，几乎没有人与战后的太宰君在路边偶遇闲谈过。以前的那个明朗阔达的好汉太宰治不复存在，我们每次举行"阿佐谷会"都对太宰君的缺席感到不可思议。不过，"阿佐谷会"以前是将棋和聚餐双管齐下的。按照棋力顺序对当时的与会者排序的话，他们是安成二郎、古谷纲武、浜野修、上林晓、木山捷平、井伏鳟二、浅见渊、太宰治、小田岳夫、田畑修一郎、龟井胜一郎、山岸外史、中村地平、盐月赳、青柳瑞穗、外村繁和其他。其中，青柳君和外村君不会下棋，担任记录员。而且，决出胜负后，外村君还曾尝试过棋局点评。明明不会下棋，点评却很有特色。

《老海德堡》

发表于昭和十五年三月《妇人画报》。

《古典风》

发表于昭和十五年六月《知性》。

《东京八景》

发表于昭和十六年一月《文学界》。

（（他创作《东京八景》时，干劲儿异于寻常，所以我印象深刻。昭和十五年七月三日，太宰带着东京地图动身去了伊豆的汤野温泉，整整十日全身心扑在工作上。他说十日之后会发电报，让我带着钱去迎接他。结婚后，这还是头一遭，给了我一种不同寻常的感觉。十二日，我收到了电报，便马上动身出发。在伊东换乘驶往下田的巴士，整整花了三个小时。路途遥远，我心中很是惴惴不安。渡河，抵达左侧的民宿"福田屋"时，已近黄昏。这间民宿在随笔《贪婪移》中也被提到过。这是片完全没有可取之处的土地，窗外是低矮的夏日山峦，直到半山腰都是蔬菜田圃。太宰在这间有些脏污的房间里迎接了我。那时，房间隔扇上的画极为普通，无非是树木、黄莺、母鸡和鸡雏。那黄莺一字立满枝头，他还开玩笑说很有意思，让我数数有几只，却对工作只字不提。不过，愚笨如我，也很清楚这并不是一部简单的作品。不论是《东京八景》在《文学界》次年的正月刊上发表，还是实业之日本社在五月出版同名单行本，我都感到莫名的恐惧，根本不敢翻看。

返程时，在谷津温泉，与井伏先生和龟井先生一起遇到洪灾，是在昭和十五年七月十三日。））

附记——这段时期，太宰君工作顺风顺水，身体也是健康无恙。酒也喝得很凶。即便在家中创作，一有客人到访，还没等太太通报，他便迅速走到玄关，先客人一步出门，邀请其"出去散步"。快步走到转角处，便放慢脚步，晃晃悠悠踱去小酒馆。可他在小酒馆里完全不受欢迎。当时经常去拜访太宰君的年轻人异口同声表示如此。当时，田中英光、小山清、宇留野光一、户石泰一、高梨和夫、堤重久、佐佐木宏影以及其他数人已拜太宰君为师了。

《关于服装》

刊载于昭和十六年二月《文艺春秋》。

《水仙》

发表于昭和十七年五月《改造》。

《小相册》

刊载于昭和十七年七月《新潮》。

《故乡、归去来》

发表于昭和十八年一月《新潮》、十七年十一月《季刊八云》。

　　（（临近太宰的一周年忌的某日，北先生突然造访。话题从现实问题，逐渐变成了以修治为中心的追思会。我与太宰的缘分不过始于昭和十三年，而对北先生来说，跟井伏先生一样，胸中必是积攒了近二十年的感慨。他时而落泪，时而大笑，不知不觉已是半日。

　　举行结婚仪式时，北先生喝醉了。他太高兴了，仪式上让太宰吃尽了苦头。就像是，这场婚礼是为终于让众人的大麻烦娶到妻子而举办的喜宴。太宰对此怀恨在心。此外，我对那一日井伏先生、北先生和中畑先生的话印象深刻。不过，自那以后，直至去年那场祸事发生，我从未听北先生说过为了太宰操碎了心，或施恩图报的话。北先生说过，"能算得上自己为修治这一生费心尽力的事，就是在您母亲过世前，将二位带到金木町，让你们相见。我觉得那算是一生一世的功德"。那时，北先生和中畑先生瞒着长兄谋划了整件事。可是，作为被逐出家门之人的妻子，这也不是件容易的差事，对我来说，是一段痛苦的旅程。那么，随波逐流回乡的事件主角——太宰心里的真实想法又如何呢？后来，他曾这么跟我提过："北先生和中畑先生已经被我仔仔细细写进了《故乡》和《归去来》，这样就足够啦。"））

《不审庵》

发表于昭和十八年十月《文艺世纪》。

（（"黄村先生系列"中的《不审庵》写于十八年的夏天。那年春，我们在甲府举办了一场珍奇的茶会。母亲是茶会主人，很是认真周到，而身为客人的太宰、我和妹妹却是冲着点心和酒去的，是一群极不庄重的客人，只会哈哈大笑，把茶会搅得一团糟。会后，母亲送了我古色苍然的明治十七年版的珍本《千家秘传　茶客心得》、荻烧的茶碗、茶瓶和佐藤一斋先生的挂轴。太宰也很喜欢一斋的挂轴，一直挂在三鹰的家中。））

《裸川》

发表于昭和十九年一月《新潮》。

《裸川》是《诸国故事》系列中的代表作。太宰君写完《诸国故事》的最初四十五页时遭遇了空袭，从三鹰市搬去了甲府市水门町的夫人娘家。妻女早已先行离开，太宰君跟小山清君一同住在三鹰。空袭时，邻家落了炸弹，庭院中的石头就势飞来，慌忙逃进简陋防空壕的太宰君惊惧不已。小山君说，他就这样惊恐万分地逃去了甲府。

《竹青》

发表于昭和二十年四月《文艺》。

《咔嚓咔嚓山》

发表于昭和二十年十月。

（（战局逐渐激烈，他身穿防空服，在不断进出防空壕间写成。我记得是二十年的年初。翻看太宰的创作年表，可以发现，他在战争期间也丝毫没有懒怠。甚至可以说，他一直笔耕不辍，毫不懈怠的真实正是用他自己的手真真切切地记录了下来。实在令人佩服。在太宰稍稍胖了一些的时候，战争的魔手终于伸到了他的身边。每当听到高射炮的声音，相较于我和孩子们，太宰更是吓得直发抖。））

附记——昭和二十年七月六日深夜，甲府遭遇轰炸。次日，在热风未散的烧毁的街道上，我偶然碰到了太宰君。太宰君说要去津轻避难。我于次日去了广岛县的乡下，两年后回到东京，却几乎没有机会跟太宰君见面。因此，甲府一别，对这之后的太宰君，我几乎一无所知。

《机会》

发表于昭和二十一年四月《艺术》。

（（在金木町，我们被安排到了名为新座敷的偏房。战后，各社的约稿纷至沓来，环境也很安心舒适，他全身心扑在了工作上。有很多朋友心疼我，觉得在金木町的生活一定非常辛苦。可是，住在金木町的这一年零三个月，至少在事关太宰的诸事上，我从未如此安心过。事实上，我回东京时都胖了。除我之外，有其他人一直关注着太宰。这对我来说，是非常踏实的。太宰在家里时，不论是住在三鹰市的联排房舍，还是在甲府房屋烧毁被人收留时的住处，总是渴望原封不动地贯彻生身之家的习惯和规则。太宰他真的连头发丝儿都是津轻人。原以为是太宰独有的习惯和喜好，可住到金木町才发现，这就是津轻的风俗，是那个家、那一族共通的喜好。多年谜题终于真相大白。

在偏房那间六张榻榻米大小的房间里，放着津轻漆的桌子，旁边是从仓库中取出，更换了炉灰的账房火盆。他每天都在努力学习。回忆起那时候的样子，回忆起他回京短短一年半就变成那个样子，我不禁对战后东京的可怕感到毛骨悚然。））

《薄明》

发表于昭和二十一年十一月。

((《薄明》之后，直到《铿铿锵锵》，这些短篇都是在金木町完成的。))

《亲友交欢》

发表于昭和二十一年十二月《新潮》。

《铿铿锵锵》

发表于昭和二十二年一月《群像》。

((二十一年秋，回东京前夕，在金木町完成。这或许是在金木町写的最后一部作品。回到东京之后，居住在 M 市的 H 来访，他跟我说是从那个人的信中得到灵感创作了《铿铿锵锵》。))

《维庸之妻》

发表于昭和二十二年三月《展望》。

((《维庸之妻》与《晚年》并称为太宰的杰作。如双塔般高高耸立。井伏先生评价道，太宰自身的描写切实，作品本身也有申申夭夭之貌。当然，我并不清楚这部作品在太宰的胸中是如何成型问世的。从金木町再次回到三鹰市的家中不久，他自二十一年年末动笔，次年正月里完成。完成当时便自信满满，直接将稿子给了田中英光先生和小山清先生品读。

以前的作品《乞食学生》中也引用了维庸的诗。住在金木町时，他读了维庸的《大遗言集》。我还记得有日傍晚，他建议我"读读看"，给我看了冒头的一首诗，又同我一起品读、讨论了另外一首。十三年秋，结婚前，我曾写给他一首将其比拟为弗朗索瓦·维庸的拙劣的诗。太宰送了我一本题为《献给维庸的妻》的书。可是，这种事总觉得很是做作，我二人后来也没有交流过此事，何况与这部作品并没有任何关系。））

附记——小山清说："《维庸之妻》第二章'那日，圣诞节……'开始，直到第二章结束，是太宰先生口述，我做的记录。太宰先生除了时不时稍事休息以外，口述时可谓信手拈来。"

《樱桃》
发表于昭和二十三年一月《世界》。

（（二十二年十二月前后写了《樱桃》。入秋以来，岩波雄二郎先生多次造访三鹰市催稿。太宰说樱桃皮容易引起腹泻，很不喜欢，也禁止孩子们吃。在三鹰市的家，我们把三张榻榻米面积的房间做了餐厅，安置了两个橱柜和一张矮脚饭桌。三个年幼的孩子也总是缠着他，夏天西晒很毒，太宰他也没办法优哉游哉地喝酒吧。））

附记——太宰君回到东京数月后，将三鹰站前的商业街住户的二楼用作了工作室。那个房间是美容师某女提供的，《樱桃》恐怕也是在这个房间里创作的。可是，在动笔创作绝笔 *Goodbye* 之前，多亏朝日新闻学术艺术部某记者的斡旋，太宰君将工作室搬到了斜对面的小饭馆"千种"的二楼。同时，某女也姑且一并搬了过去，一方面照顾太宰君的饮食起居，也承担了谢绝其他新闻杂志记者的会面请求的任务。

太宰君过世后，"千种"的老板娘回忆道——"太宰先生在创作 *Goodbye* 之前，曾提到自己要像这次创作的小说梗概一样，认真清算自己迄今为止的生活，做一个真正的专注家庭的人。可是，那个女人听说后，突然变得非常暴躁，不让太宰先生踏出房门一步。先生提出想回家看看，女人竟然威胁先生。说自己身上带着很厉害的药物，要喝下去，以此威胁先生。先生过世的六日前开始，他就被禁足了。先生归心似箭，即便偶尔下楼来，也只是起起坐坐而已。先生是好人，可他真是太胆小了。冷眼旁观，我都急得不得了。"

这部作品在杂志上发表之前，《展望》发行所的筑摩书房主人、古田晁先生道："如今，照这种状态，太宰先生的健康状况堪忧。拜托了，您能不能带太宰先生去御坂岭山顶的茶屋？然后，麻烦您陪太宰先生在御坂岭上暂住一个月，以便让他安顿下来。我希望太宰先生可以在山顶的民宿住上一年半载，安心静养。不写稿，只是真真正正的静养。我每月三次会带着能带的物资去探访太宰先生。请尽快，哪怕是下周末，请尽早出发。我要去一趟乡下，这周末或下周初就会回来。在此之前，还请您安排好出发的行程。可以吗？那就拜托您了。一言为定。"

然而，古田晁去乡下的这一周里，太宰治便实现了"意外之死"。

最后，我将太宰治给我的回信中的某条回复的开头摘录于此。

〇井伏先生曰："想知道，最近会如何？"

〇太宰，沉思默想，片刻后抬头，真心实意地说道："最近会有一件很令人伤心的事。"

后记

小沼丹

　　在动笔写这篇后记之前，我重新拜读了井伏先生关于太宰治的文章，相当有意思。不亚于以前拜读时的感受，甚至比之前读起来更觉趣味盎然。有这珠玉在前，近似于解说的文章完全没有必要，反而会对读者造成干扰。因此，想着井伏先生断不会介意，在此我想写一写我记忆中的太宰治。之前我也写过，想必会有重复之处，还请各位见谅。

　　我与太宰先生在井伏先生家中相识，同席而坐的机会也不过三四次，关系着实算不上亲厚。那时，井伏先生对我说："你也可以去太宰家坐坐。"可不知为何，我总是错过机会，最终也未能成行。回想起来，我买的第一本太宰先生的书是砂子屋书房出版的大开本《晚年》，购于吉祥寺的二手书店。读后深以为有趣，便又接连买了《虚构的彷徨》《女学生》等其他多部作品，应该算得上通读他多部作品的忠实读者。

那时，即昭和十五年前后，我还是个学生，时不时会去井伏先生家叨扰。每次拜访，我都会跟井伏先生下将棋。当时，本应是我棋力稍胜一筹，可棋局终了，获胜的总是井伏先生。原因很简单，井伏先生在大获全胜之前，绝对不会叫停。比如，我获得三连胜，心情愉悦地打算离开，可井伏先生绝对不会放我离去。必须得跟他继续对弈。下过十局、二十局，先生获胜后才笑着说："哎呀，真是太开心了。你可以回去了。"终于得到了先生的首肯，可我这时候大概早已累得一塌糊涂，精神恍惚了。

初遇太宰先生那日，也是去井伏先生家下棋的日子。那一日的经过竟是记忆犹新，那便从这件事记起吧。有一日，我去井伏先生家拜访，正在下棋，青柳（瑞穗）先生到访。那段时间，我在井伏先生家经常遇见青柳先生，心想青柳先生大概也是井伏先生家的常客。青柳先生是位诗人，也是鉴赏古董的行家，经常跟井伏先生交流鉴赏古董的心得。井伏先生也在随笔中写过，青柳先生曾在新宿的夜市上大谈自己偶然间得了一幅光琳 ① 的人物画

---

① 尾形光琳（1658—1716），日本德川幕府中期的画家，主要代表作品有《红白梅图屏风》《风神雷神图屏风》等。

珍品，大概就是那个时候吧？真是讨论起古董来也是十分狂热。

青柳先生到访，井伏先生便置办了美酒佳肴。这时，井伏先生说道：

——如此聚在我家喝酒的话，太宰他应该会出现……

没过多久，庭院中果然响起了木屐的声音，太宰先生竟真的出现了，这让我非常吃惊。青柳先生也不停感慨：

——哦？真是让人惊讶啊，还真就出现了……

——津岛先生来访。

随着井伏先生的夫人通报的声音，太宰先生略显羞涩地笑着走进房来，两手搁在榻榻米上，对着井伏先生行了个大礼。起身时，举起手将扬起脸时垂落的长发撩了起来。这个动作赏心悦目，至今还历历在目。井伏先生笑道，太宰君的嗅觉真是非同寻常，只要我在家喝酒，必定会循味而来。

——哎呀，这……

太宰先生笑着将头发撩起。那笑脸看上去满是欣喜。那时应该是我第一次见到《晚年》的作者，必定要睁大眼睛仔细观察，可这一口的太宰先生跟我通过作品或传闻所想象的太宰治天差地别，看上去是一位有礼、健康的人物，这让我感到非常意外，印象深刻。想来，这段时期，以及接下来的数年间大概是太宰先生身体最康健的时期吧。我觉得应该是这样的。

太宰先生的到来给席间带来了热闹，可毕竟时过境迁，我已经不记得聊了些什么。唯独一点，我至今还清楚记得，太宰先生聊到了"缓颊"。

太宰先生说道：

——前些日子，我读了鸥外的某部作品，发现鸥外用了个词儿，"缓颊"。我觉得这个词非常妙，打算下次写小说的时候也用一下。

井伏先生问道写成哪两个字。

——写作"缓颊"，"脸颊松缓"。

太宰先生解释道。也可能说的是"松缓的脸颊"。是什么意思呢？指的是不知为何心情舒畅或心情愉悦时，脸上绽开笑意。缓颊也近似于此，接近微笑，又还不是微笑。这个词就是用来形容这种差点要绽开笑意的状态。

——打个比方，田中贡太郎先生碰到井伏先生，不禁露出了一副看上去有点高兴的样子。这就叫"缓颊"。

听了太宰先生的讲解，真就觉得自己完全吃透了"缓颊"的意思或其微妙的感觉。之所以这么说，先前我写道，太宰先生现身时，太太跟井伏先生通报说"津岛先生来访"，闻后的井伏先生脸上正是这种"缓颊"的表情。也许，这个小插曲之所以清楚地留在了记忆中，正是源于此吧。而且，这真是一段美好的回忆。

容我多言一句，过后不久，我不记得是在杂志，还是在单行本中读到太宰先生的小说，真就用上了"缓颊"这个词儿，我记得还跟朋友分享了这桩趣闻。

——哈哈哈，用了啊……

我要是能知道是哪部小说就好了，可不凑巧，我偏偏给忘了，怎么也想不起来。

昭和十六年的十一月，井伏先生接到战时征用令，要动身赶赴南方。出发当日，我去了东京站送行。我记得那是个阴冷的日子。除了井伏先生，还有高见顺、中村地平等接到征用令的作家，以及前来送别的人，可依旧寥寥数人，稍显寂寞悲凉。或许是有规定不得举行盛大的送别仪式。而且，至少在场的人中，没有一人能预料到，在那之后过了不到一个月，日本会对美国和英国宣战。

太宰先生同龟井（胜一郎）先生一起来送别井伏先生。井伏先生在所著的《战争初期的岁月》中提到太宰先生"并未出现在"东京站，这是先生记错了。高见顺抓住太宰先生，拍着太宰先生的肩膀说：

——我们不在的这段日子，你肯定一个人写得不亦乐乎吧。

——哪儿的话……

太宰先生笑着直挠头。他那时的样子突然就涌入脑海。而地平先生跟一位头戴帝国大学帽子的学生热烈地聊了很久。不知为何，那幅景象也历历在目。井伏先生一副马上可以去钓鱼的装扮，自始至终板着脸，心情很差。井伏先生热爱旅行众所周知，可因陆军征用令赶赴南方的"旅行"想必是极不称心吧？时间到了，我跟走向检票口的井伏先生道别："请您多多保重。"井伏先生点头，低声说：

——真是讨厌啊，这种事。一点都不想去。

我完全不记得自己在东京站跟太宰先生说过什么了。

说句题外话，翻看太宰先生的年谱，昭和十四年一月由井伏先生夫妇做媒、在井伏家举办结婚仪式的太宰先生夫妇在甲府小住之后，当年九月搬到了三鹰市。筑摩书房的《现代日本文学大系》的年谱中写道，"九月，离开甲府，搬至东京府辖三鹰村下连雀一二三。共有三间房，面积分别有六张榻榻米、四张半榻榻米和三张榻榻米，房租每月二十四日元。"直到太宰先生在昭和二十三年六月于玉川上水投水，他一直住在此处，可谓是最后的居所。鉴于此，太宰先生的追悼会也在这个家里举行。我陪着井伏先生一道参加了追悼会，在此暂时按下不表。

昭和十七年秋天，井伏先生还远在南方服役、在新加坡昭南岛，因朋友的事需要跟太宰先生见面，我便去了三鹰拜访太宰先生。当时的下连雀一带满眼尽是树林和农田，要找到他家实属不易。那时候，太宰先生作为新晋作家声名大噪，可这只是狭小的文学世界中的盛事，寻常人家对此一无所知。遇到人家我就会上前询问，可都是"我不知道啊"的回答，让人头疼不已。

兜兜转转再三询问，最后找到了开在农田中的洗衣店，于是试着上前询问。对方回道："不知道名字，不过的确有这么一个写小说还是什么的人。"我终于抵达了太宰先生家的玄关前。我以前曾经写过这段故事，还请恕我失礼引用少量内容如下。

玄关的格子门开了，白色暖帘随风飘动，对面便是坐在窗边桌前的太宰先生的侧脸。玄关的左边墙上，贴着"正在工作，请勿打扰"的半纸。我心中暗忖：是不是不应该出声打扰？正在这时，太宰先生看向了这边，"呀"了一声。

这次拜访是我事先跟太宰先生约好的，于是大大方方走进门跟太宰先生交谈起来，可我至今还记得，当时心里多少有些在意那张贴纸。站在玄关前，不管你是否乐意，都会迎面看到正在工作的太宰先生。然后，客人才会觉察到旁边墙壁上的贴纸。这样的顺序，如此情境，这张贴纸到底能起到多大的效果呢？我在意的是这一点。

近来盛行禁烟，可我总感觉之前大家都抽得肆无忌惮。井伏先生如此，太宰先生也并非例外。太宰先生家那个陶制的硕大的筒被当成了烟灰缸，吸完的烟头堆积如山，几乎要满溢出来。我也将烟头丢了进去，与太宰先生做了简短的交谈。以前的作品中曾写道"窗外大波斯菊盛开"，我记得，那个时候的武藏野所到之处满眼尽是怒放的大波斯菊。谈完要事准备离开时，

——我跟你一起出去吧。内人虽然不在家，不过没关系的。

太宰先生说着，跟我一起出了家门。不过，我们刚出太宰先生家，走了百来米，便偶遇推着婴儿车回来的太宰夫人，大概刚刚是带孩子出去采买了吧。

当时，我跟着太宰先生去了新宿。记得太宰先生上身是一件焦茶色小圆领夹克，配着窄腿、带着金属扣、像是滑雪时穿的长裤，随意踩着木屐。也许是有些在意自己的穿着，太宰先生说：

——妻子让一家之主做这身装扮，竟然毫不愧疚，真是拿她没辙。

或者，他是故意这么说的。先前听井伏先生说过，太宰治非常时髦，所以我记得当时听了太宰先生的话，竟然莫名觉得好笑。

在新宿，我跟着太宰先生辗转了好多家酒馆，可不知为何，留在记忆中的就只有最初的店和最后一家店，过程一片空白，忘

得干干净净。最先去的第一家是位于三越后巷的酒馆，大概是太宰先生常去的店，可看他一直不怎么受欢迎，大概也不是这么回事。最后那家店是摆在昏暗巷子里的摊位，而这条小巷子后来改名为靖国大道，还全新规划了歌舞伎町，新宿也发生了天翻地覆的变化。

在酒馆中跟太宰先生聊过什么？我已然忘了大半。而那些尚残存在记忆中的往事，就容我想到哪儿写到哪儿吧。那段时期，太宰先生发表了短篇小说《花火》。他问我是否读过，我说还没有。他便强调那是自己非常满意的作品，希望我可以去读一读。

——你也是艺术家，只要读罢开头和结尾的数行就必定会明白。

太宰先生如此说道。后来我才了解到，战后，这部作品的标题改为了《日出前》。

我们也聊到了《圣经·旧约》中的人物，太宰先生说他打算写一写摩西。我也追问了理由，可早已忘得一干二净。我还记得他曾说，失去了押沙龙的大卫的悲伤不过"就是所谓的铁石心肠也会动情"。接着，他还提到了边做报纸配送边写小说的人来自己家的轶事，说这个人写得不错。后来才知道，他说的是小山清。太宰先生过世后，我在井伏先生的家中同小山先生相遇相知，当然，又是另外一个故事了。

当谈到井伏先生时，太宰先生评价道："井伏先生是日本难得一见的、优秀的讲故事高手。从这个意义上讲——也许井伏先生会不高兴——他与芥川龙之介可谓一脉相承。"我记得自己对此大为赞成，虽然针对"铁石心肠也会动情"的说法，我多少有点不能理解。太宰先生过世之后，大概是在追思会上，我跟井伏先生提到此事，井伏先生吃惊地直眨眼，说道：

——这家伙总是说些怪话……

还有一桩，想到了便记录于此吧。曾几何时，一群人聚在井伏先生家喝酒。

——如此聚在一起喝酒，若是以前，太宰他必定会出现的……

井伏先生叹息道。顿时，大家都安静了下来，屏息侧耳倾听，总觉得庭院里马上便会响起木屐的声音。

谈到芥川龙之介时，太宰先生说了这样一段话。

——在我还单身的时候，我认为芥川龙之介的自杀是非常无礼的。留下妻子儿女，任性赴死是极其不负责任的表现。可当我结了婚，有了孩子，反而觉得可以安心赴死了。我觉得自己现在能够肯定芥川的自杀了。

自新宿乘坐末班车回去时，太宰先生绊了一跤，木屐的绳带断了。我劝他换上我的木屐，可他坚决不同意。在车上落座后，他就开始摆弄木屐的绳带。不知为何，他那时候的样子至今犹在眼前。

这是我唯一一次与太宰先生去酒馆。战后，我再未遇到过太宰先生。听说太宰先生战后也再没去过井伏先生的宅邸。正如井伏先生所描述的那样，不知为何，他似乎对旧时好友敬而远之。唯独有两次，因要事去三鹰拜访太宰先生，可太宰先生每次都不在家。后来，我才恍然大悟，"原来如此"，可当时真是一无所知。而得知他投水的消息时，心中很是惊诧，不禁仰天长叹。

《女人心》是一篇令人敬佩的作品，文中提到了筑摩书房的石井先生。在太宰先生的遗体被发现时，井伏先生便跟我说过这段往事。井伏先生告诉我，走到石井君身边，会闻到一股奇怪的味道。面对他的疑惑，石井先生说：

——是我将太宰老师的遗体从水里搬上来的。

这才明白个中缘由。我在井伏先生的宅邸也多次遇到过石井先生，那是一个温和、安静的人。这位石井先生也已经故去，不在人世。一想到这些，就觉得满心寂寥。

关于太宰先生（采访）

井伏节代（井伏鳟二夫人）

斋藤慎尔（采访者）

——今年（1998 年）是太宰治去世五十周年。也是井伏先生仙逝四年半，暨诞辰一百周年。井伏先生不仅是太宰在文学道路上的老师，日常生活中也始终以恒久不变的理解和友爱的态度跟他来往。

井伏　太宰先生已经过世五十年了吗？美知子女士（津岛美知子）也于去年过世了。由我们做媒，他二人举行结婚仪式是在昭和十四年，如此算来，竟已度过了五十八年的时光。

太宰先生在昭和二、三年便给井伏写来信，那时他还在弘前高中在读。实际见面是在他成为东京帝国大学的学生之后。大概是昭和八年一月吧，他与今官一先生来访，之后除了战时疏散，他每年正月必定会登门，这已成了惯例。他不从玄关进门，总是从庭前的檐廊（走廊口）道声"叨扰"后进来。我家的孩子们总是很高兴地吵着说："津岛叔叔来啦！"

——当时，太宰先生正跟小山初代同居吧？

井伏 初代女士离家出走来到了东京，可如此行事无法得到世间的谅解。太宰先生的长兄文治先生便赶来东京，为解决事端而左右奔走，暂时让初代女士回了娘家。她在昭和六年再次来到东京，二人住到了五反田。八年搬到了位于杉并区天沼的飞岛定城先生家。飞岛先生与太宰先生是同乡，也是他的前辈，供职于报社。家后面住着德川梦声先生，右邻则是画家津田青枫先生。

彼此住得近，所以他俩经常会来家里坐坐。太宰先生总是穿着皱巴巴的藏青色飞白花纹和服，披着短外褂。我从未见过身穿西装的太宰先生。藏青是他中意的颜色。他净跟井伏下棋。每次一来就马上拿出棋盘。不可思议的是，他从未在我家喝过酒，若要喝酒必会跟井伏去外面。井伏还把他跟我儿圭介下将棋时的情景画了下来，题名《津岛君与犬子圭介·夹子将棋瞬间》，在新闻报社主办的美术作品展上展出。我试着打听了这幅画的下落，可至今也不清楚流落到了何处。太宰先生寄来的信件也在外借给各处的过程中丢失了。

——初代女士是位什么样的女性？

井伏 她老实、正直、非常可爱，并不是喜欢强词夺理的人。她受了很多苦。她用津轻方言称呼井伏为"老爷子"。我并不知道初代女士出身于烟花巷（艺妓）。只是，看着她拉开拉门行礼的身段，心中甚是感叹，"明明那么年轻，行为举止却这么有规矩"。

太宰先生最早的作品创作集《晚年》出版的那段时期，他们已经搬到了千叶县的船桥町。可太宰先生当初为减轻腹膜炎的痛苦而大量注射 Pavinal，出院后也并未停止，因此引发了 Pavinal 中毒，为此事头疼不已。

与初代女士一同来访时，太宰先生总是坐立不安。交谈时也是神不守舍。会突然起身去洗手间。他要在那里注射 Pavinal。

我曾有一次去他船桥町的家中拜访，并留宿。早上，院子里来了一位看着像手艺人的中年人，拿着铁锹不知是在挖掘庭院里的土，还是在埋什么东西。到底在做什么呢？我很好奇。这时耳边传来了"哗啦哗啦"的声音，碎成了一片的空瓶和胶囊映入眼帘。是 Pavinal 的容器。频繁的时候，一天要注射五十多支。他还让初代女士帮他注射。靠他自己的力量根本没办法戒掉，所以初代女士来拜托井伏去劝说他住院。于是，井伏当起了劝解员，无论如何请他住进了武藏野医院。

在住院期间，新潮社和改造社向太宰先生发出了为新年刊撰写小说的邀请，井伏赞成他执笔。可津岛家的总管、太宰先生的监护人北芳四郎先生认为根治中毒是头等大事，强烈反对。井伏吩咐我代初代女士给两家出版社的编辑打电话解释现实情况。初代女士觉得津轻方言丢人，怎么也不愿打电话，我便自诩为太宰先生的内人拨出了电话。太宰先生平时操着一口标准日语，跟初代女士交谈时用的却是津轻方言。井伏和我对这二人的津轻方言真是一头雾水。

出院当日（昭和十一年十一月），我陪着初代女士到处找房子，想要找到一处"两个人能安安稳稳住下的房子"。太宰先生对房子总是各种不满意，我们在寒风中频繁出入房屋中介，辗转于荻洼、阿佐谷一带。与此同时，太宰先生却跟井伏下着将棋，优哉游哉。终于，我们在天沼找到了一间八张榻榻米面积的房间，是某位木匠家的二楼。太宰先生也是一眼便看中了。

搬家当夜，太宰先生和初代女士非常正式地登门拜访说："房间里大煞风景，能不能借点装饰品。"于是，井伏将末广铁肠的挂轴和伊部烧的花瓶给了他们。到最后也没有还回来……

——听说您经常在当铺遇到太宰先生。

井伏　是荻洼一家名为"丸屋"的当铺，这家店如今也在正常营业。我跟太宰先生、初代女士时不时会在那里偶然碰上。太宰先生算得上是狂热的服装爱好者，津轻老家每到换季都会寄来衣物，所以他的和服数量可观。可是，捉襟见肘时，他会把衣物全都当掉。自己的衣物当光之后，初代女士的衣物也难逃厄运。

有这么一件事众所周知。热海的餐馆老板与檀一雄先生一同登门，来讨要代太宰先生垫付的住宿费，初代女士将自己的麻质和服、夏用短外褂甚至连正月里穿的和服盛装全部送进了当铺。当时的情景至今也是记忆犹新。孤零零一人被留在热海的檀先生放心不下赶过来一看，太宰先生竟然在悠闲地下棋，不禁气得大加斥责。太宰先生垂头丧气，井伏也因此不知所措……

井伏也是当铺的常客。结婚前，我们在约好的地点碰面后，他总是抱着一个大包袱，里面是蚊帐，说是"要顺道去个地方"。他貌似只有这个能抵押。

我每四个月会去支付利息，以防抵押品沦为死当。就是这个时候遇到了太宰先生。太宰先生手上空空如也，大概是来赎当的。抵押品是井伏获直木奖时颁发的钟表，刻有他的名字，这让我们能够当得期望的金额。井伏称之为直木奖的无量功德，丝毫不以为耻……

——可最后，太宰先生跟初代女士分开了……

井伏　真是太可怜了。初代女士犯下那桩"过失"是在太宰先生入院期间。分开时（昭和十二年），太宰先生上至随身物品，下至家具财物全都留给了初代女士。这些被暂时存放在了我家的储藏室。家财物品后来都寄给了她母亲纪美女士，剩余物品在初代女士回青森之前（大概一个月的时间）一点一点地处理给了旧家具店。好像并没有卖多少钱。只留下了火盆、二升规格的米柜，以及初代女士出嫁时带来的筝。她说，我家七岁的女儿应该也会学筝，便留了下来。

二人分开后，太宰先生还是一脸如常地来跟井伏下棋。每当这时，初代女士便会赶紧躲进餐厅或厨房，避免碰面。初代女士在动身回青森前的一个月中，有一个星期住在我家，剩下的日夜是在叔叔家度过的。

这个时期（昭和十二年七月六日）太宰先生曾写给我一封信，字字句句都能感受到他那时的心情。

敬启者

此次发生的事，不料让您大为费心，在下委实过意不去，也深觉自己渺小至极。小说的创作也不尽如人意，让我不禁怀疑自

二三五

身是否真的有才华。我觉得自己正身处艺术的重大歧路，身心俱疲。自数日前，我搬至京桥的吉泽先生处创作小说，可动不动就要推翻重写，完全没有丝毫进展。我打算这四五日里，好好花时间创作出像样的作品。要写出更多更好的作品，一雪之前那两三部作品的前耻。恳请您莫要斥责我的愚笨。

请您将十日寄到的三十日元全部给初代吧。还请您好好叮嘱她，这些钱或可用作回娘家时的车马费，或是给自己添置些衣物。请告诉她，回到青森后也要务必保重身体，战胜这世间苦难。

我这边的生活费还请莫要担忧，我总是会有办法的。虽说我也内心苦闷，可我必定会努力振作、重新走出来，也请您莫要挂心。最后，也请您代为向井伏先生致以问候。

·修治顿首

至于初代女士的筝，我们在初代女士亡故后去她娘家拜访时，她母亲纪美女士"让我们收下，权当是初代的遗物"。后来，我们将其送给了生田流的筝曲家古川太郎。我们请古川先生来家品鉴筝音，他拨动琴弦咏唱了三好达治先生的诗"太郎沉睡，太郎的屋顶堆满积雪"。这把筝的音色极美。

初代女士曾在北海道的室兰市住过一段时间。那时，她来信提到"有大学生跟她求了婚"。然而，最终并未修成正果。大学生的父母好像调查了初代女士的身世。似乎还拍了我家的照片。对方完全掌握了她与太宰先生的过去种种。对方将照片拿到了初代女士面前质问她。信上写道："我猜，结婚大概是不可能了。"后来，她去了青岛，并永远沉睡在了那里，享年应该是三十三岁。

——太宰先生结婚，是井伏先生夫妇大力保媒的。

井伏　是的。昭和十四年一月，太宰先生与石原美知子女士在我家（杉并区·清水町）举行了结婚仪式。出席的有新娘的姐姐姐夫（宇多子女士和山田贞一先生）、费心牵线的斋藤文二郎先生的夫人、总管中畑庆吉先生、北芳四郎先生，是一场仅有五人的小型宴会。婚宴菜品由附近的店"鱼与"承办。按照甲州的风俗，在举办婚宴之前，需要进行"献酒"仪式，媒人要给女方家送酒。井伏就担任了这个职务。

太宰先生穿着绣有家徽的短外褂和仙台平裤，始终羞涩，绝不以正面示人，只是看着旁边，这让我印象深刻。仪式过后，他们在甲府市御崎町安了新家，迈出了新生活的第一步。美知子女士曾回忆道，在这段时间，太宰先生合着狄克·三根 ① 的流行曲

---

① 本名三根德一（1908—1991），日本流行歌手及演员。

《人生的林荫道》的旋律，披着棉睡衣手舞足蹈。那么害羞的一个人竟然还有这么一面，真是令人惊讶。

——曾经一同外出旅行过吗？

井伏　昭和十三年九月，曾在御坂岭的天下茶屋与太宰先生同行过。这是在我家以外唯一一次见到太宰先生。

最初出发时，说是大概外出一个星期左右，可约定的时间已过，也不见井伏回来。想着他可能需要稿纸，我便动身去寻他。原本，我照顾孩子已是精疲力尽，井伏不在家反而轻松，因此我对他的缺席根本不以为意。他大致应该是去了山梨县，即便编辑告诉我"前日在银座见到了井伏先生"，我也毫不介意。

不过，能跟石原美知子女士相亲，也归功于在这御坂岭上的逗留。太宰先生因井伏的介绍下山去了甲府，在美知子女士的娘家相了亲。那时候，我一个人留在了茶屋等待结果。

邀请太宰先生来御坂岭的是井伏。说他应该在此地转换心情……太宰先生也退掉了镰泷的住处，本着从头再来的决心来到了此地。终于跟吃白食的那帮人划清界限了——我记得井伏这么跟我说过，我二人也是长舒一口气。我二人离开后，太宰先生在天下茶屋住到十一月中旬，创作了《火鸟》。

——夫人您对太宰先生的"食客们"一直持批判态度吧。

井伏 是的，说实话，我并不喜欢。身边若是没有那些吃白食的人，太宰先生恐怕不会落得那般田地，我至今也深以为然。对太宰先生的死，或许大家都有责任。

太宰先生在镰泷的租处，总是有二三人——是称为食客吗——白吃白喝。大白天就饮酒，一天到晚玩纸牌，随意打开津轻送来的太宰先生的包裹，不经允许便穿上太宰先生的衣服。这些人算是文学青年或崇拜者吗？太宰先生很温和，给他们准备饭食，对方说要留宿也不发一言。来来往往，进进出出，他家来过很多人。井伏非常担心太宰先生会不会因此生出颓废主义倾向。

记得有一次，太宰先生带着一人来访，那个人披着太宰先生的驼毛披风。太宰先生自己却冻得瑟瑟发抖。我默默在太宰先生身后为他披上了井伏的披风，那人却一脸什么都不知道的样子。北芳四郎先生和中畑庆吉先生曾经拜托井伏帮忙把那些食客赶走，可他又是那种性子，说"自己不打算介入他人的生活"，坚决不多说一句话。只是，我后来才知道，井伏曾问过那些食客："你们是在这家借宿吗？"这大概是井伏最出格的讲话方式了。

对了，太宰先生也有性急的一面。每次都会在约好的时间之前就早早到我家。不过，有意思的是，他在我家门口来来去去，就是不走进来。他会在门前故意咳嗽，以此来不着痕迹地通知他已经到了。

那段时期，津轻的文治先生给太宰先生的汇票都是寄到我家的。每月一日、十日、二十日，分三次寄送。太宰先生每次都会来取。有时还会在期限前二三日便登门询问："汇票到了吗？"太宰先生在旅途中时，我会采取电汇的方式寄到他下榻的旅馆。

井伏说："太宰君的嗅觉真是非同寻常，只要在家喝酒，他必定会循味而来。""哎呀，这……"太宰先生略微羞涩地笑着，伸手将长发撩起。

——战争结束后，直到他于昭和二十三年亡故，晚年的太宰先生是什么样子呢？

井伏 战后，太宰先生再没来过我家。也有山崎富荣女士的原因吧，他总是在躲避着什么。也许是对旧识好友感到了厌烦吧。编辑们似乎也不想让井伏知道那位女性的存在，就算是问及"太宰君最近怎么样"，也是支支吾吾。

井伏最后一次见到太宰先生是在青柳瑞穗先生的夫人的葬礼上。他跟烧过香后离开的太宰先生刚好错过。井伏也马上烧完香追了出去，可已经不见了他的踪影。"大概是在阿佐谷站跟山崎富荣汇合了吧。"井伏很是遗憾。

井伏对太宰先生真的非常疼爱。"那样的天才不会再有了"，也曾对他的离世懊恼不已。他曾在酒席间说过："哪怕自己独自一人，也想在御坂岭上为太宰君竖起一块文学碑。"他这个人本来不会说这种话。听闻此事，甲府市的报社社长野口二郎先生集合山梨县的民众竖起了一块文学碑。这就是在茶屋斜对面的那块"月见草很适合富士"的碑。

太宰先生为了井伏从中斡旋，谈定了由筑摩书房出版井伏的选集九卷，并决定为其撰写全集解说。这也因他的离世而中断。生前的太宰先生总是让我们忐忑不安，可心里真希望他哪怕能留下全集的解说也好啊。

在太宰先生的葬礼上，连自己的孩子离世都未落泪的井伏放声痛哭。河盛好藏先生描述了此事，说第一次看到他哭。另外，在阿佐谷的古董店，当大家聊到太宰先生，井伏就突然哭了出来，古董店的老板以及在场的各位都很是吃惊。对我来说，思念井伏，也是在追忆太宰先生。

太宰先生过世几年后，小沼丹先生、三浦哲郎先生等人在我家饮酒，井伏说："如此聚在一起喝酒，若是以前，太宰他肯定会出现的。"顿时，大家都安静了下来，总觉得庭院里马上便会响起木屐的声音。小沼先生也已经过世了。

　　真快啊，太宰先生已经过世五十年了。即便如此，我依然觉得这一切仿佛就发生在昨日。

　　（斋藤慎尔　俳人／编辑）

　　一九九八年四月六日　东京·荻洼　于井伏宅邸

出处一览

I

太宰治之死 《点滴》昭和二十八年九月 要书房（初次刊登于《文艺春秋》昭和二十三年八月、原题《太宰治其人》）

亡友 《井伏鳟二全集十》昭和四十年二月 筑摩书房（初次刊登于《别册风雪》昭和二十三年十月）

大约十年前 《井伏鳟二全集十》昭和四十年二月 筑摩书房（初次刊登于《群像》昭和二十三年十一月）

点滴 《井伏鳟二全集十》昭和四十年二月 筑摩书房（初次刊登于《素直》昭和二十四年五月）

女人心 《井伏鳟二自选全集四》昭和六十一年二月（初次

刊登于《小说新潮》昭和二十四年十二月）

太宰治其人 《井伏鳟二全集十》昭和四十年二月筑摩书房（初次刊登于《文学界》昭和二十八年九月、原题为"太宰治其人——他是个酷爱副标题的作家"）

太宰与料亭"泽泻屋"《日本文学全集五十四"太宰治集"》附录 昭和三十四年九月 新潮社

筝之记 《井伏鳟二自选全集九》昭和六十一年六月新潮社（初次刊登于《周刊朝日别册》昭和三十五年三月）

太宰治与文治先生 《井伏鳟二全集十四》昭和五十年七月筑摩书房（初次刊登于《日本经济新闻》昭和四十八年十一月六日）

II

那时的太宰君 《太宰治全集一》月报 昭和三十年十月筑摩书房

Das Gemeine 前后 《太宰治全集二》月报 昭和三十年十一月 筑摩书房

御坂岭上的日夜 《太宰治全集三》月报 昭和三十年十二月 筑摩书房

关于《懒惰的歌留多》《太宰治全集四》月报 昭和三十一年一月 筑摩书房

闲谈　《太宰治全集五》月报　昭和三十一年二月　筑摩书房

战争初期的岁月　《太宰治全集六》月报　昭和三十一年三月　筑摩书房

甲府日夜　《太宰治全集七》月报　昭和三十一年四月　筑摩书房

杂记　《太宰治全集八》月报　昭和三十一年五月　筑摩书房

太宰君的工作室　《太宰治全集九》月报　昭和三十一年六月　筑摩书房

御坂岭的碑　《井伏鳟二全集十》昭和四十年二月筑摩书房（初次刊登于《文学界》昭和二十八年十二月原题为"御坂的碑"）

蟹田的碑　《太宰治全集十二》月报　昭和三十一年九月筑摩书房

Ⅲ

后记（《富岳百景·奔跑吧，梅洛斯!》）　昭和三十二年五月　岩波文库

解说（《太宰治集　上》）　昭和二十四年十月　新潮社

在编写本书（单行本，1998年筑摩书房）之际，得到了山内祥史先生的大力协助。

译后记

接触过日本文学的文青们，大抵都听过"太宰治"的大名。除了他的《人间失格》《斜阳》《东京八景》《富岳百景》，除了他的"生而为人，我很抱歉"，还有他那些"传奇故事"。

太宰治，原名津岛修治，日本战后无赖派文学的代表作家，算得上日本文学史上的一颗璀璨明星。这位含着金汤匙出生的津岛家的少爷，生于 1909 年 6 月 19 日，妥妥的双子座。以现下流行的星相学来看，生在这个时间区间的人，身上会有双子座典型的机敏和不安，也多少染了些巨蟹座的善良、敏感和反复无常。

回顾他这一生，直到 1948 年 6 月 13 日晚与情人山崎富荣在玉川上水投水自杀，他只在人世间逗留了短短 39 年，却仿佛尝尽了人间冷暖、悲欢离合。短暂的来过，却凭着自己独特的人格魅力和文学才华，让一众文人对他念念不忘，时时缅怀，给读者留下了无数令人不忍释卷的文学佳作和传世金句。

对于太宰治留下的众多作品，我并无资格做过多的评价或解读。毕竟，一千个人心中就有一千个哈姆雷特，有一千个"大庭叶藏"。正如本书的作者井伏鳟二在书中写到的，"鉴赏作品的自由就交给读者"，而我，就简单写一写在翻译这本小书过程中的所思所感。

《追忆太宰治》这本有趣却多少有些絮叨的书，是井伏鳟二在太宰治过世后发表于各处刊物上的追忆太宰治的小品杂谈的集结。每篇篇幅都不算长，可字里行间充满了对太宰治的欣赏和怀念，带着一种"哎呀，真拿他没办法"的无奈和宠爱，也带着一丝"如果当时……就好了"的愧疚，令人读罢不禁心情复杂，五味杂陈。

太宰治与井伏鳟二初次见面是在1930年的东京。对于这位年长自己11岁的文坛前辈，太宰治可谓慕名已久。早在1923年，年仅14岁的太宰治在哥哥自东京带回的同人杂志《世纪》上读到了井伏鳟二发表的作品《幽闭》，"不禁兴奋得坐也坐不住"，仰慕的种子就这么深深种下。井伏在文中也提到，太宰治还在弘前读书时就写过信给他。来东京后更是几次三番去信要求见面，甚至不惜以性命相威胁。井伏终于不堪其扰，答应同太宰治见面，二人便开始了长达近二十年的交往，直至太宰治结束自己的生命。

在这近二十年的漫长岁月里，井伏就像一个置身事外的时光守护者，静静陪伴在太宰治的身边，见证了他从默默无闻的文学爱好者成长为文坛新秀，进而成为文学青年心中的偶像和老师。他在文学上与太宰治惺惺相惜、心意互通，在生活上更是他无比坚定的后盾和精神支柱，井伏家的小儿女们也都与太宰治甚是亲近。而与太宰治相处的点点滴滴，也让他能够更加多元、更加深入地去观察眼前这个时而积极乐观到甚至有些癫狂，时而又心绪烦躁悲观绝望到要结束生命的人。正是这些陪伴——对当时的井伏来说或许是大大的麻烦，才有了现在的这本书，才让我们有机会看到一个不太一样的、走出作品光环的活生生的太宰治。从这个意义上来说，这本书算是太宰治与井伏鳟二的共同创作，是太宰治这短暂一生的 side story。

既然已经看到了这里，那读者想必已经看过了他的 side story。就像日本前几年大火的动漫《文豪野犬》中对太宰治这一角色的描述，这是一位"自杀爱好者"，座右铭是"清爽明朗且充满朝气地自杀"。自 20 岁起，他就多次在死亡的边缘疯狂试探，每次都把身边的人搞得惴惴不安、人仰马翻。想来这个

"青年"甚是可恨，出身极好，却把日子过成了"噩梦"。可是，读着井伏鳟二的文字，我却不由得笑出声来，笑后又觉得心酸不已。

比如，文中提到他被井伏等人劝说住院。"来来往往僵持了两个小时后，太宰君突然起身去了隔壁房间放声大哭。初代女士也去了太宰君身边，陪着一同落泪。……太宰君点点头，默默地取来毛毯，一行人出了玄关。"突然脑海中就有了画面，一个清瘦的男子，就像个小孩子般跑到隔壁一通大哭，让人不禁忍俊不禁——虽然当事人当时想必是极其痛苦的。

又如，井伏想象自己若接受太宰治的提议去捉虫自制钓鱼线——"如今我也会想，如果那时候我'交际'了太宰的'交际'，会是何种景象呢？……太宰要动手撕扯开它们。只见他双眉紧蹙，双目紧闭，脸色煞白，呼吸急促。他用那细长的手指将青虫一扯为二。他没有当场昏过去就是万幸了。该处理第二条了，他眼看着要哭出来。"惟妙惟肖，让人不禁莞尔。

再如，太宰治某次离家出走，去镰仓企图上吊自杀未遂，正在众人无计可施之时，"太宰君从后门回来了。……太宰君一脸沮丧地走进屋里。脖子上渗出了浅浅的红色。太宰君说自己去了镰仓的山里寻死，没死成。他去了深田久弥家，喝了啤酒，看着深田夫妇伉俪情深，寻死之心有了动摇。"喝点小酒，目睹这人世间的温情便开始留恋人间，太宰治不愧是性情中人……

我很幸运有机会翻译这本书，也觉得这是冥冥中已经注定的缘分。记得念大学时，文学课上接触到的第一部太宰治的作品便是《人间失格》，如今家中还留着当时写满笔记和心得的影印资料，系主任在台上口若悬河的讲述也是犹言在耳。硕士论文的研究课题虽说是三岛由纪夫，却在论文答辩时跟老师就"三岛由纪夫和太宰治在人性上孰强孰弱"争执不下，事后也是冷汗直下，好在顺利毕业了（囧）。因此，当我接到这本书的翻译邀请，我便毫不犹豫地答应了。

老实说，翻译得很痛苦，倒不是井伏的文字难读，而是不知不觉间把自己完全代入了。时而跟着井伏忧心忡忡，心急如焚，时而随着太宰治痛苦万分，心如刀割，时而又像一个普通的读者看到太宰夫人回忆太宰治新婚后竟然会"合着狄克·三根的流行曲《人生的林荫道》的旋律，披着棉睡衣手舞足蹈"，如发现新大陆般惊叹不已。太宰治就是这么一个复杂的人，可爱的人，善良的人，如果我生在当时，我可能也会爱上他。

在阅读《追忆太宰治》的过程中，读者们或许会发现书中后半部分有多处重复。关于这部分，我跟出版社方面烦恼了许久，我们曾想过与版权方沟通删除，可最终还是决定原封不动地保留下来，毕竟这是井伏对故人太宰治的思念与缅怀，只是多少有些对不住读者要一读再读了。

最后，希望读者能够喜欢这本小书，能够通过这本书去认识一个更加真实的太宰治。

由于水平有限，译本难免有需要完善的地方，还请多多指正。

马　惠

2022 年 11 月　于上海

寒风乍起　凛冬将至

图书在版编目(CIP)数据

追忆太宰治/(日)井伏鳟二著;马惠译. 一上海：
上海人民出版社,2023
ISBN 978 - 7 - 208 - 17961 - 5

Ⅰ.①追… Ⅱ.①井… ②马… Ⅲ.①太宰治(1909 -
1948)-回忆录 Ⅳ.①K833.135.6

中国版本图书馆 CIP 数据核字(2022)第 177907 号

责任编辑 吴书勇
封面设计 李婷婷

追忆太宰治
[日]井伏鳟二 著
马惠 译

出 版 上海人民出版社
(201101 上海市闵行区号景路 159 弄 C 座)
发 行 上海人民出版社发行中心
印 刷 上海商务联西印刷有限公司
开 本 890×1240 1/32
印 张 8
插 页 3
字 数 141,000
版 次 2023 年 2 月第 1 版
印 次 2023 年 2 月第 1 次印刷
ISBN 978 - 7 - 208 - 17961 - 5/I·2046
定 价 55.00 元